奥妙科普系列丛书

DISCOVERY

让青少年着迷
的科普书

彩图珍藏版

传说中的宝藏

张喜庆◎编著

吉林出版集团股份有限公司 · 全国百佳图书出版单位

图书在版编目 (CIP) 数据

传说中的宝藏 / 张喜庆编著 . -- 长春：吉林出版
集团股份有限公司，2013.12（2021.12 重印）
（奥妙科普系列丛书）

ISBN 978-7-5534-3909-9

Ⅰ .①传… Ⅱ .①张… Ⅲ .①探险－世界－青年读物
②探险－世界－少年读物 Ⅳ .① N81-49

中国版本图书馆 CIP 数据核字 (2013) 第 317302 号

CHUANSHUO ZHONG DE BAOZANG

传 说 中 的 宝 藏

编　　著：张喜庆
责任编辑：孙　婷
封面设计：晴晨工作室
版式设计：晴晨工作室
出　　版：吉林出版集团股份有限公司
发　　行：吉林出版集团青少年书刊发行有限公司
地　　址：长春市福祉大路 5788 号
邮政编码：130021
电　　话：0431-81629800
印　　刷：永清县晔盛亚胶印有限公司
版　　次：2014 年 3 月第 1 版
印　　次：2021 年 12 月第 5 次印刷
开　　本：710mm×1000mm　　1/16
印　　张：12
字　　数：176 千字
书　　号：ISBN 978-7-5534-3909-9
定　　价：45.00 元

前言

Foreword

失去的或是得不到的，人才会懂得珍惜。假如我们失去了宝藏，你作何感想？从历史诞生之日起，王朝交替、英雄纵横或者是邪恶的强盗、海盗肆意掠夺，正义和邪恶都需要"成本"那就是财富。也许是出于人类贪婪的本性，历史上总有人想尽办法积累财富，哪怕明知结果是死亡，也毫不退缩。于是历史上出现了宝藏一词，而宝藏除了数量庞大之外，那些消失的宝藏，或者没有找到的宝藏成为了谜团，让所有人着迷的谜团。

宝藏到底在哪里？寻宝人穷极一生甚至是丧命，可能都得不到答案，一条又一条线索，一个推测接着另一个推测，埋藏宝藏的人非常聪明，为了不让别人找到宝藏，他着实动了一番脑筋！把宝藏埋藏在荒无人烟的海岛，标注上神秘的标记或者埋藏在机关重重的地下，有的为宝藏真实的埋藏地点，制造假象、发布假信息，目的只有一个——不能让别人取走我的宝藏！不过我们有理由相信，只要宝藏存在，肯定会有重见天日的一天。

目录

第三章　战争中消失的财富

第四章　永沉海底的宝藏

目录

第五章　世界各地的宝藏

第一章
宝藏探寻之路

人类有超过5000年的文明史，在漫长的历史长河中，先后出现了无数个王朝和帝国。这些王朝和帝国曾经雄霸天下，它们有杰出的领袖、广袤的领土和堆积成山的财富。然而，当英雄倒下、王朝覆灭时，很多文明以各种离奇的方式悄然消失在历史长河中，只留给后世只言片语的传说和亦真亦幻的记忆碎片，当然这也包括那些令人神往的巨额财富——宝藏。

Part1 第一章

所罗门王的宝藏

最会做生意的是什么人？犹太人。最贪婪的高利贷者又是什么人？犹太人。犹太人的骨子里对金钱有着深深的印记，这种对金钱狂热的基因皆来自3000多年前的所罗门王时代。

公元前1100年左右，就是中国的周朝建立之时，犹太人的杰出首领大卫攻占了耶路撒冷，并把它定为王朝的首都，建立了第一个统一的犹太王国。大卫王死后，他的儿子所罗门即位，这个雄心勃勃的新王立刻大兴土木，建造了许多伟大的建筑，把耶路撒冷变成了一个空前发达的城市。所罗门王拥有超凡的智慧和谋略，他被后世的犹太人称为"智慧之子"。凭借着他过人的智慧和胆略，所罗门王东征西讨，征服了周围无数个部落、城邦，逐渐建立了一个东到幼发拉底河，南至亚喀巴湾的庞大帝国。

所罗门王的贪欲和他的智慧同样"超凡"，在征服邻邦的同时，他的军队肆意掠夺，所过之处，必将所有金器、财物抢夺一空。大到王宫器皿，小到平民的头饰、戒指。大军将所有战利品运回耶路撒冷，由所罗门王亲自管理支配。所罗门王还大力发展海外贸易，他建立了埃拉特港，从这里发出的海上贸易船队往返于红海、地中海，最远达非洲和印度。

❖ 所罗门王

所罗门王统治犹太王国40余年，积累了惊天财富。除了从各地掠夺而来的财物，所罗门王辖区内的附属国每年都要进贡超过666塔兰的黄金，重约1吨。仅此一项，所罗门王至少拥有超过40吨的黄金。据传，所罗门王猜疑心极重，从不信赖任何一个人。为了妥善保管这些黄金他命两位能工巧匠用黄金制作了一个金柜，将犹太教的圣物《旧约》和《西奈法

❖ 旧约古籍

典》放入其中，连同堆积如山的黄金一起放入犹太教的圣殿。这座圣殿位于耶路撒冷的锡安山上，是所罗门王花费7年时间建造的，规模宏大，设计精巧，地下暗道纵横，机关密布。每次进入隧道里的只有级别极高的犹太教长老，但他们只能一睹两件圣物，而无缘看到那些黄金。显然，所罗门王用自己超人的智慧妥善地"解决"了所有参与安放金柜和黄金的奴隶们。这些宝藏就是后世所说的"所罗门王宝藏"。

所罗门死后，统一的犹太王国分裂成两个国家。首都的南方仍由所罗门的继任者统治，历史上称犹太国；首都的北方则由犹太教的长老另立了王朝，称为以色列。考古学家推测，所罗门王的宝藏可能以一种极为秘密的遗嘱方式传给了他的继任者。

过了4个世纪，新兴的巴比伦王国攻打南方的犹太国。耶路撒冷被巴比伦大军围困3年后最终被占领，犹太国的王宫和圣殿全被复仇的尼撒二世付之一炬，耶路撒冷从一个繁华的都市变成废墟。大批的犹太人成了巴比伦的俘虏，被押送到巴格达，犹太人从此开始了长达2500年的流浪生涯，直到20世纪初回到耶路撒冷。

尼撒二世早对所罗门王遗留下来的巨额

知识小链接

1885年，作家亨利·哈格德写了《所罗门的宝藏》探险小说，受到青年人的热烈欢迎。小说基于所罗门王的宝藏，结合南非的真实地理环境，写得亦真亦幻，更将传说中的宝藏演绎得神秘莫测，越发引起世人对惊天宝藏的好奇之心。

宝藏垂涎三尺，大军刚攻入犹太国，他就迫不及待地查找黄金埋藏地。令征服者失望的是，几万人搜查了一个多月，连一个金币也没有找到。尼撒二世动用酷刑审问了犹太国的王公大臣、宗教长老，却没有一个人知道宝藏的下落，而唯一知道宝藏秘密的犹太国王来不及将遗嘱传递，就一命呜呼了。

◆ 耶路撒冷

所罗门王的宝藏到底有多少？历来是史学家和考古学家争论的焦点。一种观点认为，3000年前的冶炼技术有限，不可能有上百吨的黄金；另一种观点认为，除了每年附属国的进贡外，善于做生意的所罗门王从海外赚取了巨额利润，所有这些无一例外地被折成黄金运到了耶路撒冷。另外，英国考古学家最新发现，非洲的津巴布韦有一个史前金矿发掘地，规模宏大，黄金产量惊人。经过进一步发掘后还发现了古犹太文字。古犹太文字怎么会出现在离耶路撒冷5000多千米的非洲呢？考古学家断定，贪婪的所罗门王没有满足于各藩属国进贡、掠夺战利品和海外贸易，他还四处寻找黄金矿石，驱使各地奴隶为他开矿炼金。

所罗门王的宝藏到底去了哪里？巴比伦大军是突然进攻犹太国的，显然这么多黄金不可能被及时转移走。若这些黄金依然在犹太国，为什么巴比伦

◆ 古代的锡安山

大军查找一个多月都毫无所获，它又在哪里？唯一的解释是，这些黄金依然在锡安山下！

❖ 犹太教圣经塔纳赫

在2000多年的时间里，耶路撒冷先后被马其顿帝国、托勒密王朝、罗马帝国和阿拉伯帝国占领，这些占领者无一例外地都对耶路撒冷进行了地毯式的搜查，都一无所获。12世纪，三大教在耶路撒冷兴起，宗教信徒们都坚称：这些宝藏是上帝赐予他们的财富，他们有权占为己有。基督教组织了数次十字军东征，先后几次攻入耶路撒冷，到处打听宝藏和基督圣物，也一无所获。

也有人认为，所罗门王朝经常派商船出海，很可能将大量黄金转移出去了。这一说法也遭到学术界反驳：藏宝舍近求远是大忌，若有急需，那些宝藏远水不解近渴，根本没意义。

所罗门王的宝藏与装有犹太教的《旧约》和《西奈法典》的黄金柜到底去了哪里？依然困扰着各国学者，永远是探险家和考古家魂牵梦绕的话题。

多拉克宝藏之谜

> 一位哲人说过，消失的不等于不存在。人类有过多少消失的文明，我们不得而知，但可以肯定的是远古时一定有许多先进的文明，由于历史太过久远，留下的印记少之又少，人类已经无法考证它们曾经的辉煌了。

1958 年，英国著名的考古学家梅拉特在土耳其从事考古工作。一天，他从伊斯坦布尔乘坐火车赶往挖掘现场。火车上，梅拉特闭目养神，仍沉浸在那些让人费解的考古发现中。

"先生，可以坐这里吗？"一个甜美的声音打断了梅拉特的思绪，他睁开眼，见对面有一位女郎在和旁边的先生打招呼。那位男乘客微微欠身，往旁边让了让，女郎点头致谢，坐在梅拉特对面。

梅拉特刚要闭上眼睛继续思考，无意间看见女郎的手腕上戴着一个很不起眼的手镯。虽然颜色是古铜色的，但梅拉特凭借深厚的考古专业知识立刻断定那是一件黄金制品。梅拉特眼睛一亮，心跳加速，并不是因为这件手镯是黄金的，而是上面的字符是 4500 年前的土耳其契文。

◆ 伊斯坦布尔

梅拉特立刻向女郎做了自我介绍，并询问关于手镯的来历。女郎告诉他，手镯是家里的收藏品，她家中还有更多这类金饰品。梅拉特抑制不住激动的心情，诚恳地请求女郎带他看一下。

傍晚，火车到了终点站伊兹密尔，

女郎带着梅拉特钻进一辆马车绝尘而去。梅拉特怀着激动的心情，一路上询问了女郎许多问题，并没有留意路上的标示和换乘的路线。

女郎的家位于一个偏僻的山村，她带着梅拉特到了一间阴暗的屋子，从柜子里掏出一个五斗柜，把里面的藏品都拿了出来，摆满了一屋子。

◆ 令人神往的土耳其伊斯坦布尔

梅拉特惊异地盯着这些布满岁月腐蚀的藏品，不停地用放大镜察看上面的文字和字符，瞪大的眼睛似乎要掉了下来。惊醒过来的梅拉特问女郎，他是否可以拍照。女郎摇摇头，但允许他画下来。

梅拉特立刻摊开画纸，如饥似渴地对每一件藏品进行临摹画图。女郎允许梅拉特待在自己家，夜以继日地临摹，记下上面的象形文字。梅拉特谢过女郎，开始研究这些难以置信的珍宝。

梅拉特研究出这些藏品源自于4500年前的青铜时代，通过这些藏品几乎可以找出失落的多拉克古城。这个古城是由武士阶层统治，以航海贸易为主的大城市，其发达程度可以媲美传说中的特洛伊古城。对于任何从事考古研究的人来说，还有什么能比得上发现一处失落的古文明更值得人骄傲的呢？

几天后，梅拉特忙完了手头上的艰苦工作，谢过女郎后离开了山村。由于没有记下路标和地址，梅拉特再也没有见过那个女郎，也没有再见到过那些藏品，这成为他一生不可原谅的失误，并懊悔

◆ 土耳其

终身。

梅拉特的学术论文在英国一公布，立刻引起考古界轩然大波。土耳其政府十分恼火，立刻追查藏品下落，但梅拉特的回答却无法让土耳其政府方面满足。土耳其政府根据梅拉特提供的信息，在伊兹密尔附近查找这位女郎，但这位女郎和那批藏品像人间蒸发了一样，再也没有找到任何有价值的信息。

知识小链接

土耳其地处古代文明发祥地小亚细亚，欧亚大陆的交汇点，自古即被称为"文明十字路"。由于它地处东西方的交通要道，从4000多年前的青铜器时代开始，就被卷入到激烈争斗的历史洪流，演绎着无数惊心动魄的王朝更替，帝国兴亡。

接下来的十几年里，梅拉特和舆论界进行了旷日持久的争辩。舆论界怀疑这完全是梅拉特一手导演的骗局，为的是提高他在考古界的地位，积累资本；梅拉特坚称所有经历皆是事实，并有图文证明，那些象形文字可以瞒过普通人，但专业的考古人员一看就知道是真正的古文字，绝非现代人画的。另有一种说法是，女郎邂逅梅拉特是事先精心策划好的，目的就是利用梅拉特在考古界的权威为出手藏品估价，向黑市买家索要高价。

神秘女郎和那批珍贵的藏品，以及挖出藏品的山洞都像谜一样困扰着考古界和土耳其政府。若真能找到那个山洞，那么多拉克宝藏将重见天日，世界考古界将为之轰动。

Part1 第一章

赤城山下有重金

　　金光灿灿的黄金永远是财富的象征，而围绕黄金也有很多传说。这些传说有的牵强附会不值一驳，有的有鼻子有眼不由人不信，也有的确确实实存在过，但随着时间的推移，都湮灭在历史的尘埃里，日本赤城山黄金就是后者。

说到赤城山黄金的由来，就不得不提及德川家族。1603 年，征夷将军德川家康奉命在江户成立幕府，开始了长达 260 年的德川幕府时代。由于江户是德川家康的发家地，因此德川幕府也被称为江户幕府，这一时期也被称为江户时代。

　　作为最后一个幕府时代，德川家族掌握了日本大多数良田，粮食总产量超过全国的 1/4；这个家族还掌控着京都、大阪、江户等许多重要城市以及全国大部分的矿山，掌控着日本的金、银、铜、铁的制造大权，不仅把持着政治大权，还垄断了日本的经济命脉。德川家族实行的是残酷的封建剥削统治，200 多年积累了数量庞大的财富。

　　进入 19 世纪，随着西方列强的侵入，日本中下级武士阶层接触了西方先进思潮，开始抵触德川幕府的封建统治，要求幕府还政天皇。为了家族的长治久安，也为了维护风雨飘摇的幕府制度，德川家族开始秘密转移财富，将积攒的大量黄金悄然隐藏起来，作为必要时的军费，

❖ 赤城山

用以组织力量反对政敌；德川幕府同时加大剥削力度，为封建统治争取苟延残喘的时间。

负责德川幕府藏金的是一个名叫井伊直弼的幕府大佬，他选择了赤城山作为藏金地，这里属于德川幕府的直辖领地，是德川家族的根据地，易保守秘密；另外这里四周是延绵起伏的群山，是易守难攻的所在，若德川幕府垮台，可以凭借赤城山作为根据地，加上储备的黄金，能立刻组织十几万大军作为反对新政的最后屏障。

1860 年，有几名激进的日本武士刺杀了井伊直弼。继承藏金大业的是小粟上野介和林大学头，他们二人先后命忠于德川家族的武士们处死负责挖洞的 80 多名工人，又秘密地处死了 30 多名武士。

幕府的计划虽然天衣无缝，但依然没有逃脱历史的惩罚。1867 年，最后一个幕府将军德川庆喜被迫宣告还政于日本天皇，从而结束了长达 700 年的幕府政治。那批埋藏在赤城山下的黄金也没派上用场，永远地尘封在方圆 900 平方千米的土地下。

赤城山下的黄金储量到底有多少，一直是史学家们争论的话题。有人说德川家族统治日本 260 年，积累了数量惊人的财富，埋藏的黄金至少有 600 万两；有人说幕府后期财政吃紧，供养武士耗费巨大，幕府已经出现财政危机，德川家族不可能仍有那么多黄金。但作为当时的执行人之一的王总兵卫在回忆

❖ 德川幕府建立者——德川家康

中说，从江户运到赤城山约有 400 万两黄金，而所有这些都被秘密埋藏到事先挖好的坑道内。

几百年来，世界各国的探险家、寻宝者，以及妄想一夜暴富者，纷纷赶到赤城山考察，无一不乘兴而来败兴而归，倒是附近的村民在施工中会偶尔从地下发现各种金器。

❖ 德川家康葬地——东照宫

进入 21 世纪后，小野家族的后人凭借祖上传下来的零星记忆，辅以金属探测仪等现代高科技仪器，试图从赤城山下挖出宝藏。想在方圆 30 千米的地下探寻遗失上百年的东西，无异于大海捞针。小野家族探寻了十几年，仍一无所获。

赤城山藏金到底是真实的传奇还是虚假的流言，我们不可知。但有一点可以确信：德川家族积累的真金白银不会平白无故地一夜之间忽然消失，也不可能随着幕府的倒台而不翼而飞，它到底去了哪里？

Part1 第一章

扑朔迷离的**特洛伊宝藏**

> 特洛伊城最初建于公元前 3000 年，该城最为人所知的是它从东西方的港口贸易中获取的巨额财富。

在这些财富的支持下，特洛伊人建立了坚固的城墙和庞大的军队，足以抵抗任何入侵者。

公元前 11 世纪，希腊王阿伽门农垂涎特洛伊城的财富，借口特洛伊王子拐骗了其堂兄弟的美貌妻子，率领大军攻打特洛伊。阿伽门农围攻了 10 年，想尽一切办法也不能攻破城高墙厚的特洛伊城，最后采用木马藏兵计策，里应外合攻占了特洛伊。

阿伽门农原以为可以将特洛伊洗劫一空，大发一笔横财，可是翻遍了整个特洛伊城也没有找到传说中的巨额财富。征服者大怒，血洗特洛伊，将所有人斩杀。

这就是古希腊诗人荷马在《荷马史诗》中的《伊利亚特》诗集中描写的特洛伊战争概况。诗中夹杂着神话传说和真实历史，就其诗作本身来看，无愧于一部伟大的作品，但是后世之人弄不清特洛伊到底是真实存在过的城邦还是诗人凭空想象的。众所周知，艺术形象皆来源于真实社会的人和物，特洛伊也不例外，一定有

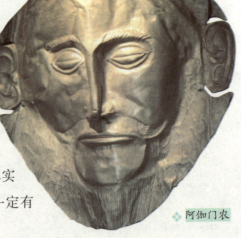

❖ 阿伽门农

知识小链接

亨利·谢里曼幼年时深深迷恋《荷马史诗》，暗下决心要投身于考古挖掘。从 12 岁起，谢里曼就开始挣钱，先后从事过学徒、邮差、售货员等工作。谢里曼似乎离幼时的目标渐行渐远，但他从未忘记过理想。1870 年，他开始从事考古，几年内相继发掘了 9 座城市，并找到了失落的爱琴文明。他的壮举在世界文明史上有着重要意义。

其艺术原型，甚至那场战争也不是诗人想象出来的，而是真实存在的。

800 多年后，另一位杰出的人物却十分相信《伊利亚特》的真实性，这个人就是建立了横跨亚非欧三大洲的马其顿帝国的亚历山大大帝。他坚信荷马关于《伊利亚特》的每一个细节都是真实存在的史实。

由于时间太过久远，留下来的信息又十分稀少，关于特洛伊城的记载仅仅停留在《伊利亚特》上，再也没有其他相关佐证。《伊利亚特》和《奥德赛》在文学史上有重要的地位，但研究者对它们描述的真实性产生了怀疑，甚至有学者认为根本没有荷马这个人，他更像是一些底层奴隶们想象出来的智慧老人。

从时间上推算，从公元前 3000 多年到公元前 11 世纪，特洛伊至少存在了 2000 年，根据荷马诗集的记载，可以看出特洛伊人拥有高度发达的文明和巨额的财富。若阿伽门农没有找到那些积攒了 2000 年的财富，那这些珍宝又去了哪里？

19 世纪，德国考古学家亨利·谢里曼根据《伊利亚特》的记载，来到书中经常提到的小亚细亚和希腊，奋力查访传说中的特洛伊城。经过几年的工作，谢里曼找到了传说中的奥德赛的宫殿，并发现了两个装满泥土的陶罐，这进一步证明了《荷马史诗》的记载是真实正确的，更坚定了考古学家们能最终解开特洛伊城千年奥秘的信心。最终，

特洛伊城遗址

谢里曼在土耳其北部的一个小山上找到了一段石墙，他坚信这就是遗失了3000多年的特洛伊旧址。

通过进一步发掘，谢里曼和他的团队收获颇丰，不仅找到了传说中的普里阿摩斯国王的金冕，还挖掘出了普里阿摩斯的宝藏。

让人惋惜的是，谢里曼只看到了宝藏的有形价值而忽略了其文

❖ 埃癸斯托斯催促克吕泰涅斯特拉刺杀阿伽门农

物价值，并没有对这些出土的珍宝进行研究，也没有得出这里就是特洛伊的有力证据。

谢里曼迫不及待地将这些珍宝送回祖国，存放于德国一家博物馆。二战爆发后，博物馆藏品不翼而飞，所谓的特洛伊黄金宝藏也不知所终。刚刚被揭开的普里阿摩斯王国的神秘面纱，因为战争的爆发而再次中断。战后，谢里曼曾经的考古发现早已没有实物证据，学者们甚至开始怀疑他根本就没有找到传说中的特洛伊，更没有挖到价值连城的宝贝。

若谢里曼的经历是真实的，那么可以推断，仅仅挖开了特洛伊城的一角就获得如此丰厚的宝藏，若借用现代挖掘设备和探测仪器。将整个特洛伊挖掘开来，收获一定是惊人的，更重要的是将彻底揭开特洛伊城的奥秘。

Part1 第一章

迷失的"黄金国"

西班牙、葡萄牙和荷兰的航海家们纷至沓来，给这片与世隔绝的大陆——美洲大陆带来连绵不绝的灾难。

1492 年，哥伦布发现美洲大陆，立刻吸引了许多西方冒险家前来，接下来的几年时间，探险家们继续向南航行，相继发现了南美大陆。1531 年，西班牙冒险家皮萨罗带领一支 180 人组成的小部队，从中美洲南下，来到南美洲的秘鲁。这小股部队虽然人数不多，但极为凶悍。这些人在西班牙都是些亡命之徒，是在走投无路的情况下加入到皮萨罗的探险队的。他们希望借此改变命运。当时的印加帝国国王阿塔雅尔帕昏庸无能，根本没有意识到危险降临，对这股小部队没放在心上。皮萨罗率队突然袭击，一举俘获了阿塔雅尔帕，并向他索要巨额黄金作为赎金。

皮萨罗和他的探险队原本以为靠这种手段会勒索国王一笔不小的赎金，没想到贪生怕死的国王立刻对皮萨罗说，他

> **知识小链接**
>
> 印加帝国本来只是一个位于秘鲁南部的小国，15 世纪时开始扩张，领土一度达到南美大陆 1/3 的面积。然而印加帝国却因为诸多王子争夺皇位引起了许多内战，导致印加帝国政治不安，实力大减，为后来的西班牙殖民者挑拨离间、逐个突破提供了机会。"印加"一词是国王的意思，帝国全称是"四州之国"，由四个部分组成。

❖ 哥伦布

愿出堆满一间屋子的黄金作为赎金。西班牙人简直不敢相信自己的耳朵，欣喜若狂的强盗们立刻意识到发大财的机会来了。

等印加帝国的臣民们将所有的黄金堆满小屋子后，言而无信的皮萨罗还是无情地绞杀了他们的国王。皮萨罗仍不满足，两年后他带领军队闯入印加帝国首都，将皇宫里的所有黄金和珍宝洗劫一空，最后满载而归。

皮萨罗在印加帝国疯狂掠夺黄金的消息像一针强心剂，立刻激起了欧洲冒险家们的更大的贪欲。冒险家们、航海家们乘着船前赴后继地从欧洲赶到南美，钻入层层丛林，希望能找到更多的黄金。

❖ 西班牙冒险家皮萨罗

1535 年，一位名叫贝拉卡萨的西班牙探险家遇到了一个南美印第安人，他告诉贝拉卡萨，在密林深处有一个印第安部落，他们的国王用金粉涂满全身后会跳入圣湖里洗澡，臣民们会围绕在湖周围，向国王投入很多黄金。这种奇特的风俗是他们部落的宗教仪式，每年都会举行。这就是关于"黄金国"传说的最初来源。

❖ 南美大陆

此消息像长了翅膀一样，在冒险家之间快速传开，无数的探险队开始投入到寻找"黄金国"的冒险旅程。接下来的 300 多年时间里，先后有几百支探险队伍，都怀着一夜暴富的梦想，义无反顾地钻进了南美茂密的丛林里，踏上险象环生的探险旅程。传说中的"黄金国"没有找到，钻出密林的人远远少于钻进去的人，以至于后来的探险队伍经常碰到前人的森森白骨。但所有这些都没有阻止疯狂的黄金梦继续发酵。

❖ 哥伦布登上新大陆

19世纪初，德国社会学家伯德在今天的哥伦比亚境内找到了那个传说中的圣湖。伯德是位有良知的科学家，对黄金并不感兴趣，而是专心研究印第安宗教和风俗。他的发现立刻重燃了探险家们寻找黄金国的热情，1912年，英国戈德拿泰兹公司花巨资从欧洲运来超大功率的抽水机，夜以继日的工作，希望抽干湖水，找到湖底的黄金。可笑的是，经过连续几周不间断的抽水，居然真的把湖水抽干了，但只有零星的几个黄金块，还不足以支付本次探险的花费呢。

几个世纪过去了，人们逐渐淡忘了"黄金国"，认为它不过是个传说而已。正当"黄金国"的诱惑力不再那么诱人的时候，1969年，两名哥伦比亚工人在首都波哥大附近一个山洞里发现了一个大型的纯金雕塑，雕塑描述的内容正是传说中的宗教仪式。这一惊天发现立刻证明了"黄金国"绝非传说，也非虚构。可是经过400多年来的查找，南美大陆已经被探险家们像过筛子一样搜索无数次，"黄金国"又在哪里呢？

❖ 印加帝国

Part1 第一章

沙皇的地下书库

> 不是只有金银珠宝才是宝藏，那些记载着人类历史的史书，记录着哲学家思想的典籍等对于现代的人们更具意义。

在学者们眼里，那些沉寂的书籍、图书和孤本对世界的影响要远比几百吨的黄金更为重要。这方面的财富当属俄罗斯伊凡雷帝"书库"最为珍贵。

伊凡雷帝即伊凡四世，他的大多数藏书来自他的祖母索菲亚王后。索菲亚是东罗马帝国皇帝的侄女，她自幼喜欢读书，收集了许多典籍，包括从皇家图书馆借来的孤本。索菲亚出嫁的时候，随行的车队除了一些简单的陪嫁品外，更多的则是从东罗马图书馆带来的图书。这些图书涉及范围极广，包括宗教、文艺、法律、科技和历史等，汇集了从恺撒时代到东罗马帝国灭亡时的所有重要历史资料和典籍。索菲亚喜欢阅读，也十分珍惜图书，自从嫁给伊凡三世后，就利用大公特权搜集到了更多的图书，来充实她的收藏。索菲亚去世后，她的孙子伊凡四世继承了她的图书室和所有藏品。

❖ 伊凡雷帝

伊凡四世是个暴君，但也是位政绩斐然的卓越政治家。在他统治期间，实行了一系列的政治改革，削弱了王公贵族的势力，建立了一个强有力的中央集权国家。

伊凡四世和他的祖母一样，十分重视搜集古代流传下来的善本、孤本，想尽一切办法，利用一切机会充实他的藏书室。许多达官贵人为了讨好伊凡四世，不惜血本四处征集各类书籍，所有这些都被送到伊凡四世的藏书室。

知识小链接

伊凡四世是俄国第一任沙皇，他生性异常残暴，17岁时杀死摄政王，自立为帝，曾毫不留情地杀死所有政敌和叛乱者。他还绞死主教，对大贵族阶层实行清洗，杀死4000多名贵族，杀害的贫民更是数不胜数，被称为"伊凡雷帝"。一次，他用笏杖打儿媳，导致流产。太子非常愤怒，找父亲理论时说了偏激的话。伊凡雷帝大怒，失手打死了亲生儿子。

关于伊凡四世的藏书室到底有多大，里面有多少书籍，都无从查起，在16世纪的一本史书里记载了这样的事："德国神父魏特迈曾有幸被伊凡四世召见并带领他参观了位于克里姆林宫的地下藏书室，藏书室有两间房间那么大，地上堆积了数不清的箱子，里面装着各类书籍……"

让人费解的是，除了这本史书里记载的关于伊凡四世的书库的只言片语，在同时代的任何其他文献里均没有提到书库的事。这是为什么？难道是藏书早已散失，或者根本就没有这样一个书库？

19世纪时，有个德国学者对伊凡四世的书库深信不疑，他专程来到莫斯科，通过仔细阅读克里姆林宫里的档案和记录，努力追查关于书库的蛛丝马迹。让人失望的是，经过几年的考察和分析，他仍旧没有找出关于书库的任何线索，不得不放弃继续查找。尽管一无所获，但他依然坚信伊凡四世的书库是存在的，"它仍沉睡在一个不为人知的角落"。

对于伊凡四世的书库，学者们的意见也各不相同，有人认为克里姆林宫曾发生过大火，这些藏书可能被烧毁了；有人说这些藏书全被放在大主

克里姆林宫

教的图书馆，只不过后来因为宗教改革，许多著作的内容与新教义不符，被无情的销毁了；更多的人认为，书库的确存在，只不过位于克里姆林宫的地下室，有必要对宫殿进行一次全方位的探索……

❖ 伊凡三世

伊凡四世的书库是否真的存在，一个真实的小插曲可能说明一切：1724 年，彼得沙皇决定迁都，一位名叫奥西波夫的人来到新首都，向财务部门提出一份报告，克里姆林宫的地下室有两个秘密房间，房间的大铁门上贴了封条，上了大锁，落款日期是 1584 年。房间内隐约可以看见许多大箱子。财务部门立刻着手调查此秘密房间，并打算开启铁门，运走箱子。但很快从新首都传来指示，立刻停止调查。从此，再也没有人知晓那个传说中的地下室。

伊凡四世的书库有浩如烟海的孤本、古本和善本，包罗万象，无所不及，许多均是人类已经失传的文明史籍，如果能找到书库，对世界文化来说都是至关重要的发现，必将引起欧洲轰动，甚至将重新改写既定的历史。

■ Part1 第一章

"上帝之鞭"的宝藏

匈奴王阿提拉在连年征战过程中，每征服一个城市，除了屠杀大量人口外，还要抢掠大批的金银珠宝。

匈奴民族是一个游牧民族，祖祖辈辈生活在西亚至远东地区的广袤的沙漠和草原上。他们居无定所，不善农耕，常年生活在马背上。匈奴人个个都是天生的骑兵，他们似乎是黏在马背上，酷爱骑马打仗，四处侵略。匈奴骑兵经常像旋风一样扫过，所过之处一片狼藉，人口被杀，财物被夺。凡是被匈奴骑兵践踏过的地方，一定是废墟一片。

◆ 阿提拉

公元434年，匈奴单于鲁奥死后，他的侄子阿提拉战胜布莱达，继任匈奴最高统治者。据史料记载，阿拉提个子矮小，表面粗野，但内心极为精细。他幼年曾做过人质被送到罗马帝国，多年的磨砺让他变得十分狡诈、残暴和凶狠。阿提拉即位后，开始了雄心勃勃的扩张，他兵锋所指之处，血流成河，整个欧洲都在他的面前颤抖。恐惧的欧洲人称阿提拉为

匈奴轻骑兵

"上帝的鞭子"，意味着他是上帝专门派下来惩罚人类的煞星。

仅仅过了20年，阿提拉的帝国已成为横跨欧亚两大洲、当时世界上最富有的大帝国，他也是那个时代拥有最多财富和最大权势的独裁者。有学者统计，匈奴帝国征服东罗马后，仅东罗马上贡给阿提拉的黄金就达94吨之多。由于匈奴人是游牧民族，不建房屋，不盖宫殿，也不购买太多生活物资，因此没有太多大项开支，而阿提拉贪欲极大，有收藏珍宝的嗜好，可以想象这些从各地掠夺而来的财宝一直被阿提拉秘密地保存着。

后来，"匈奴王的珍宝"成了当时举世闻名的一笔巨大财富。阿提拉实行恐怖的封建专制制度，臣民稍有不从就会遭到严惩，加上他为人狡诈凶狠，猜疑心极重，根本不会轻易相信任何人，所以在匈奴帝国内部，除了他本人和极少数亲信之外，根本没人敢在匈奴王面前提财宝的事，更不敢过问藏宝所在地。

然而死神和厄运从来不会因为某人的权势和财富而却步，匈奴王阿提拉正准备进一步西征时，却在新婚之夜离奇暴毙。关于阿提拉的死因，学界有不同说法，一种说法认为阿提拉杀了太多的罗马人，新婚妻子正是东罗马送来的贡品，他是被新婚妻子毒死的；另一种说法是阿提拉饮酒过度，血脉膨胀而死。总之，匈奴王去世的当天夜里，忠实的禁卫军乘着夜色匆匆将阿提拉的尸体转移，不等天亮就将他埋

匈奴人复原像

❖ 匈奴王阿提拉

葬，并杀死了所有参与藏宝和埋葬的工人，没留一个活口！

历史是惊人的相似，但绝不是简单的重复——阿提拉死后，他的几个儿子参与到争夺王位的斗争中，匈奴帝国很快分裂，从此一蹶不振，逐渐走向灭亡。在诸子夺嫡的过程中，也有王子妄图立刻挖出父亲的陵墓，用巨额宝藏壮大自己的力量，但是用尽方法也找不到阿提拉的藏宝地。

匈奴帝国消失了，但关于阿提拉的宝藏的传说却流传开来。1600 年来，尽管有无数考古学家、冒险家和企望一夜暴富者从没停止过对匈奴王宝藏的追查，但耗尽一生也找不到丝毫头绪。鼎盛时的匈奴帝国方圆几千千米，匈奴民族又是游牧民族，居无定所，"上帝之鞭"阿提拉的陵墓和宝藏究竟埋在哪里呢？

❖ 匈奴人

Part1 第一章

雷恩堡墓穴宝藏

在法国境内大约有 36,000 座城堡，这些坚固的城堡大多数建于中世纪，每一座古堡的背后都有一个传奇的故事，都曾有个显赫一时的家族掌控，其中雷恩堡就是一个最神秘的古老城堡。

16 世纪时，一个名叫帕里斯的放羊娃在雷恩堡附近的山丘上放羊。回家时他发现少了一只母羊，着急的帕里斯开始四处寻找。在不远处的山坡下，他看见有一个约 90 厘米宽的大裂缝。"倒霉的山羊是不是掉下去了？"帕里斯立刻有不祥的预感，他带着疑惑钻进了裂缝。刚进去的时候，一时难以适应裂缝里幽暗的环境，等他看清楚周围情况时，发现这是一个很长的洞穴。"这么长的洞穴，要不要继续往前走？"男孩犹豫了一下，但想到父亲严厉的眼神，他还是壮了壮胆，顺着看不到头的洞穴继续前进。

洞穴很幽暗，只有一点夕阳斜射进来，越往里走，越发黑暗，伴随着阵阵凉气。男孩吓得魂都要蹦出来了，忽然，他被一个东西绊倒了，定睛一看，原来是几个骷髅！男孩吓得两腿发软，跪在骷髅旁，闭着眼睛不停地向上

◈ **法国雷恩堡**

帝祈祷。周围依旧寂静得出奇，男孩慢慢镇静下来，壮着胆子睁开双眼，地上除了白骨森森的骷髅外，还有几个锈迹斑驳的箱子，上面厚厚的尘土显示它们至少待在山洞里几百年了。

"箱子里是什么？"帕里斯再次心跳加速，唯恐里面钻出个幽灵或妖魔，"我连死人都不怕，怎么会害怕几个箱子？"帕里斯壮着胆打开箱子，立刻从里面射出金光灿灿的光芒，原来箱子里装满了金币！

接下来发生的故事可以想象，男孩装了满满两口袋金币，匆忙赶回家，他的父母也因为他的这次冒险经历一夜暴富。很快，雷恩堡的人们开始怀疑、妒忌、羡慕、诽谤，随之而来的是地方官员的拷问。帕里斯一家是虔诚的基督信徒，不想说假话，也不想透露雷恩堡的秘密，最终倔强的男孩居然被冤死在狱中，从此再也没有人知道雷恩堡墓穴在哪里。

那个神秘的地下墓穴究竟有多少金币？价值几何？又是什么人把这么巨大的财富隐藏在洞穴里的呢？后人推测，那是一笔超过1850万个金币的宝藏，1914年就价值180亿法郎！有历史学家认为，这些金币是法国摄政王后卡斯蒂耶于1250年隐藏的。那么摄政王后为什么要把这笔财富隐藏在雷恩堡呢？至今仍旧是个谜，众说纷纭。

200多年过去后，人们逐渐淡忘了雷恩堡的宝藏和那个名叫帕里斯的男孩。1892年，刚刚来到雷恩堡履新的索尼埃

知识小链接

卡斯蒂耶是法国路易八世的王后，路易九世的母亲，在路易九世亲政前作为摄政王后管理国家。1250年，法国爆发了武装暴动，为了躲避动乱，卡斯蒂耶王后带领王室来到雷恩堡，这里有坚固的城墙，易守难攻，可作为临时行宫。更重要的，这里毗邻西班牙，必要时可退守西班牙躲避。

神父在修缮教堂的过程中无意中发现了一个羊皮卷，里面是古代拉丁文。神父立刻意识到这绝不是一件普通的羊皮卷，一定记载着一些不可告人的惊天秘密。为了保证安全，神父将羊皮卷上的字迹抄写下来，带到巴黎让语言学家辨认。最终神父彻底明白了羊皮卷上的内容，它记载着进入雷恩堡墓穴的方法。

欣喜若狂的神父立刻和女友玛丽开始寻找雷恩堡墓穴，并最终找到了那些尘封600多年的箱子。当索尼埃神父和女友打开箱子时，惊讶得合不拢嘴："难道法国所有的财富都在这里吗？"他们没有忘记潜在的危险，拿走许多金币和首饰后，立刻将墓门隐蔽，清除了所有的蛛丝马迹，并精心地修饰了一番。索尼埃神父和玛丽并没有挥霍这些金币，而是用这些财富来修缮教堂，修公路。为了打消人们对巨额财富的质疑，索尼埃特地跑到西班牙、比利时、瑞士、德国等国，把金币兑换成现钞，然后邮寄到女友手上。玛丽每次提款时都大张旗鼓，故意让周围的人知晓。这些钱大大地改善了当地人的生活和卫生条件，这里的教堂甚至比罗马教廷还要辉煌。尽管采用了明修栈道暗度陈仓的汇款方法掩人耳目，但还是引起了许多人的怀疑，其中包括雷恩堡的镇长。他前来询问神父巨额财富的来历。索尼埃称他有个叔父在南美洲淘金矿，叔父死后，他继承了巨额遗产。在接受了索尼埃的贿赂后，镇长也不再过问。

索尼埃十分热衷公益事业，他表示要兴建引水工程，以满足农夫们浇灌；他修筑公路，购买公交车

◆ 法国风景

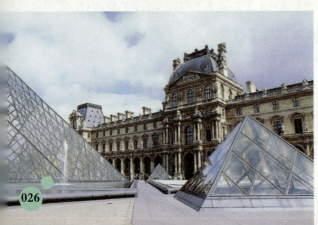

辆，方便人们出行⋯⋯这些工程核算超过 80 亿法郎。遗憾的是，神父还没有来得及实施规划，就被肝硬化夺走了生命。痛苦的玛丽埋葬了神父后过起了深居简出的生活，再也没有进入雷恩堡墓穴。30 年以后，玛

❖ 法国风景

丽成了老态龙钟的老太太，备感孤独的她认识了诺尔·科比。这位先生温柔善良，十分谦恭，他经常陪着玛丽散步，并最终取得了玛丽的信任。一天，对雷恩堡宝藏守口如瓶的玛丽告诉科比，她临终时将会透露一个惊天秘密，会保证他后半生有永远花不完的钱。不幸的是，7 年后一向健康的玛丽突然病倒，不省人事，来不及告诉科比这个秘密就永远离开了这个世界。可怜的科比没从玛丽这里得到任何好处，却无端多了块心病，像一只无头苍蝇在雷恩堡里到处查找，妄想找到这笔财富，然而经过 12 年的努力，依然一无所获，最终绝望的科比不得不放弃。

沙俄600吨黄金下落之谜

日本和俄罗斯可算是一对老冤家，除了几次日俄战争外，两国还有一个扯不清理还乱的旧账——600吨黄金神秘失踪案。

1914年第一次世界大战在欧洲爆发，沙俄内外交困，在战场上节节败退。第二年，德国和奥匈联军逼近沙俄首都彼得格勒。为了防止沙俄黄金储备被德国人夺走，沙皇尼古拉二世密令将600多吨重的黄金向东方转移，负责本次黄金运输的是忠于沙皇的舰队司令高尔察克。

1917年，列宁领导的社会主义革命取得成功，苏联成立，尼古拉二世和四个美丽的公主被处死。紧接着，苏俄和德国签订条约退出第一次世界大战。高尔察克像失去主人的猎狗，押着黄金毫无目的地四处乱窜。他内心是忠于沙皇的，不愿将黄金交给苏共，但沙皇已死，这笔财宝一时没了主人。高尔察克押着这批黄金沿着西伯利亚铁路继续东行，他打算将这批宝藏送到最东方。

苏共也在四处查找这批黄金的下落，很快就得知是原舰队司令高尔察克负责保管。红军立刻围堵高尔察克和他的列车。这时，在中国东北的日本人也打听到这批黄金的消息，赶紧和高尔察克联系，提出可以出兵击退

❖ 尼古拉二世

二战后期，苏联乘机占领了日本北方四岛，并在那里驻军。战后，日本多次向俄罗斯索要北方四岛，并称要将此事提交国际法庭。苏联及后来的俄罗斯认为，除非日本交还 600 吨黄金，俄罗斯才会考虑归还四岛。进入 21 世纪，能源价格暴涨，俄罗斯认为北方四岛就是俄罗斯领土，日本休想夺回。

苏联红军，帮他"保护"这批黄金。高尔察克谢绝了日本人的"好意"，继续东行，从此这批黄金好像一夜之间从人间蒸发，再也没有任何消息。

二战结束后，强大的苏联红军出兵中国东北，摧枯拉朽似的击败日本关东军，迫使日本投降。苏联这时利用战场上的优势责问日本政府关于 600 吨黄金的下落。在 1918~1945 年的 27 年的时间里，苏联人一直在查找这批黄金的下落，但没有任何头绪。一种说法是，1919 年 12 月，高尔察克在东行的路上，铁路遭到破坏，只得改用雪橇穿过贝加尔湖。当时俄国境内遭受了百年不遇的寒潮，押送队伍在零下 60℃的湖面上前行。这场奇寒导致了一场人间惨剧：许多人和战马倒在了刺骨的暴风雪里，600 吨的黄金孤零零地堆放在空旷的湖面上成了无主巨宝。第二年 3 月，春暖花开，湖面结冰慢慢消融，600 吨黄金瞬间沉入 4000 多米深的贝加尔湖底。

许多人坚信这批宝藏永沉湖底，再也不可能被找到。但苏联当局显然不相信，他们有证据证明是当时驻扎在中国东北的日本军队趁火打劫，夺取了高尔察克押送的黄金。苏联认为，1920 年，日本人在满洲里接管了火车，并留给接替高尔察克的佩特罗夫一张简单的收据，将火车押走。就这样，600 吨的黄金连夜乘着军舰被押回日本，这些黄金相当于日本两年的财政总收入，同时，巨额的意外之财进一步激起了日本大力发展军备的野心，开始为全面侵华疯狂扩军。得

◆ 高尔察克

到这么大一笔财富让日本当局也深感恐慌，唯恐苏联索要，为了掩人耳目，日本人把黄金放在东京北部一个仓库，然后监守自盗，将黄金偷偷转移，600吨黄金彻底消失。

彼得保罗大教堂内尼古拉二世的陵墓

时间到了1990年，东欧剧变，苏联解体。叶利钦总统对俄国实行休克疗法，600吨黄金在内外交困的俄罗斯眼里是很大的诱惑，俄国开始认真考虑追讨这笔财富。俄罗斯专家估算，这批黄金连本带息价格至少在800亿美元，可以帮助俄罗斯走出困境，迅速摆脱危机。俄罗斯从1991年开始就从两方面寻找这批黄金下落，一方面利用现代科技对贝加尔湖进行全方位的扫描，试图找到失落的黄金；一方面继续向日本讨要这批黄金，但日本政府百般抵赖，不肯承认私吞，坚称已经将战时所获财宝全部退还给前苏联。但日本的一些历史学家研究认为，的确是日本军官劫持了黄金并偷偷运回东京，这600吨黄金至今依然被保存在东京银行的地下金库。到底是日本在撒谎，还是确实没有昧了这笔钱，由于日本不肯解密当年档案，所有谜底只得用更长的时间去解开。

贝加尔湖

■ Part1 第一章

悄然失踪的"琥珀屋"

普鲁士国王鲁道夫一世十分艳羡路易十四奢华的宫廷生活，为了媲美心目中的偶像，鲁道夫别出心裁地设计制造了"琥珀屋"。

路易十四是统治法国时间最长的君主，即位72年，亲政54年，是和中国清朝时期康熙皇帝同时代的最伟大的君王之一。他缔造了法国最鼎盛的时代，同时国力的强盛也让这位君王崇尚奢华的生活。法国全国税收的一半被用于宫廷开支，富丽堂皇的宫殿极尽奢华。普鲁士皇帝鲁道夫一世十分崇拜路易十四，也羡慕他华贵的生活。榜样的力量是无穷的，为了效仿路易十四，鲁道夫一世别出心裁地用琥珀制造了一个小屋子，堪称是世界上最昂贵的房子了。

琥珀是几千万年前的树脂凝结而成，经过化学变化后形成的树脂化石。琥珀晶莹剔透，表面有清晰的纹路，是极为昂贵的珠宝。一件很小的琥珀即价值连城，全部用琥珀建造的房子会价值几何？

皇家建筑师休鲁达和德恩耗时4年于1709年完成了琥珀屋。房屋面积55平方米，墙壁上全部用琥珀装饰，房间地面用银箔镶嵌，屋内如果点上一支蜡烛，晶莹剔透的光辉就会闪烁其间，无比美妙。

鲁道夫国王非常高兴，到处炫耀这件

❖ 路易十四

绝世珍宝，经常向各国使节展示。琥珀屋很快闻名欧洲，成为人们交口谈论的热点话题。

18世纪初的瑞典军队十分强悍，不断侵扰普鲁士，而此时的彼得大帝正在想方设法获得波罗的海的出海口。1709年，沙俄打败不可一世的瑞典，获得了往西发展的重要通道。饱受瑞典欺凌的普鲁士也很高兴，迫不及待地想与沙俄结成联盟，为抵抗瑞典寻找靠山。

1716年，鲁道夫一世热情接待了远道而来的彼得大帝和使臣们。为了向沙

❖ 鲁道夫一世

俄表示友好，也为了争得彼得大帝的好感，鲁道夫忍痛割爱，答应要将奢华的琥珀屋慷慨赠予彼得大帝。

第二年，鲁道夫践诺，将琥珀屋装船运往彼得堡。彼得大帝原计划将它安置在行宫，但还没来得及实施该计划就驾崩了，琥珀屋就此搁置下来，逐渐被人们遗忘。

20多年后，彼得大帝的女儿彼得罗夫娜女皇建造了一个奢华的夏宫，她将早已被遗忘的琥珀屋运到夏宫，在著名的建筑师的施工下，又对琥珀屋进

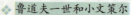

❖ 鲁道夫一世和小文策尔

行了改建和重新装饰，和夏宫巧妙地融为一体，女皇将这个小屋作为会议室。

接下来的200年里，琥珀屋一直留在夏宫，直到第二次世界大战爆发。1941年，纳粹德国入侵苏联，苏德战争爆发。德国采用闪电战短时间内占领了苏联大量领土和许多大

❖ 哈布斯堡——鲁道夫一世陵墓

城市，所到之处必将文物和珍宝抢劫一空。举世闻名的琥珀屋早已让德国人垂涎三尺，在 1942 年，德军占领夏宫，准备将琥珀屋转移到柏林。几天后，德国人将琥珀屋拆解，分装成 27 个木箱，用火车运走。后人关于琥珀屋的信息到此为止，从此再也没有人见过琥珀屋。

二战结束后，苏联组织了许多专家和考古学家专门调查琥珀屋的下落。他们搜查了柯尼斯堡的每一个角落都没有找到任何关于琥珀屋的蛛丝马迹。调查过程中，一个名叫罗德的博士进入苏联人的视线，他曾经是美术馆馆长，当初纳粹德国正是将几个包装箱交给他保管。

知识小链接

经过几十年的调查和论证，美国"全球探险公司"认为纳粹德国把琥珀屋连同从苏联掠夺的珍宝全部沉入了奥地利托普利茨湖。纳粹德国妄想击败盟军后，重拾这些财宝。"全球探险公司"和奥地利政府签订合同，由该公司出资负责寻找并打捞沉箱，所得由奥地利政府和公司平分。

◆ 彼得一世大帝画像

　　柳暗花明又一村，绝望的苏联专家们似乎看到了希望，立刻提审罗德博士。然而，还没等调查组审问，罗德博士突然暴毙，很多迹象表明，有人在暗中阻止苏联人的调查。

　　查找琥珀屋下落的还有民主德国政府，政府方面甚至登报启事，希望从民间获得关于琥珀屋的下落。很快编辑部收到一封匿名信，信中言道，写信人的父亲曾经是一位德国中央国防军，柯尼斯堡失陷后，他的父亲曾经回到家，言语中提及了琥珀屋，隐约提到被藏在第三地下室。1959年，民主德国政府找到了这名写信人，并组织人员和他一起查找所谓的第三地下室，然而经过长时间寻访，依旧下落不明。

　　庞大的琥珀屋似乎一夜之间消失了，但有学者估计纳粹德国战败时根本来不及转移走琥珀屋，它很可能依然沉睡在这个城市的某个地下室，或许某一天会被世人意外发现，以一种惊艳的方式重新亮相世界。

Part1 第一章

洛豪德岛的宝藏还存在吗

17世纪是一个神奇的世纪，是冒险家的世纪，征服未知的海洋和寻找神秘的宝藏的人被视为勇者，在这样的大时代下，造就了很多英雄，也使很多人命丧黄泉。

威廉·菲波斯是一个生活在这个时代的无名小卒，如果没有什么意外，他应该平平安安地过完这一生。有一天，威廉·菲波斯偶然得到了一张破烂不堪的地图，一开始威廉·菲波斯认为它是张没用的东西，放在桌子底下，说不定什么时候就把它当垃圾扔掉了。有一天，威廉·菲波斯闲来无事，打开了这张地图，"黄金"的字样立刻让他精神一振，他心情激动起来，当他小心翼翼将地图完全打开，清除上面的灰尘后，威廉·菲波斯简直不敢相信自己的眼睛，这是一张藏宝图，上面记录了西班牙"黄金"号沉没的地点。

"黄金"号就是宝藏的代名词，在16世纪中期，西班牙人的军舰和商船征服了美洲，在这片印第安人生活的土地上，西班牙人大肆掠夺，黄金当然是抢手货，这些沾满血腥的黄金被一批批地运往西班牙，随后大量商船也开始运输黄金和珠宝，一时间美洲和欧洲之间的航线成为世界上最"贵重"的航线，当时西班牙最大的商船之一"黄金"号就在其中。

◆ 海盗标志

海盗们的消息十分灵通，哪里有黄金，哪里就有他们的身影，在得知"黄金"号商船运输大量黄金回国的消息后，各路海盗聚集在一起，他们要联合起来抢劫商船（"黄金"号商船自身火力强大，又有军舰护航），各路海盗共同商议了周密的计划，在一个雷电交加的夜晚，他们成功抢劫了"黄金"号，杀死了"黄金"号上所有的船员。

然而令海盗们吃惊的是，船上的黄金多得惊人，他们根本带不走这么多黄金，海盗们能带多少算多少，仍然留下数量惊人的财宝无法带走。怎么办？嗜血的海盗们当然不会白白丢掉财宝，各方人员商量了一个方案，他们绘制出一份藏宝图，将黄金分成几份，分别藏在神秘岛十分隐蔽的地点。

一切进行完毕后，各海盗头目即将离开，他们每个人身上都有一份藏宝图，就在此时，海盗们露出本性，巨额的黄金让贪婪的海盗开始自相残杀。这是赤裸裸野蛮的抢夺，野兽与禽兽之间的较量，谁能活着，谁就能拥有整个宝藏。

知识小链接

洛豪德岛因宝藏而驰名世界，时至今日，仍然有人在岛的四周进行勘察或考察，目的是为了寻找宝藏，有人认为威廉·菲波斯获得的宝藏，只是一小部分，因为当年西班牙人从美洲掠夺的黄金数量非常惊人，而运回国内的数量有限，多数被海盗们抢劫，所以宝藏一定藏在某一个神秘的地方。

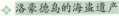

❖ 洛豪德岛的海盗遗产

最后的胜利者带着伤离开了藏宝地点，他此后就过着奢华的生活直到死亡。这个神秘人物去世后，人们开始猜测是否有"藏金岛"的存在，威廉·菲波斯认为自己得到的藏宝图很可能就来自神秘的"胜利者"。威廉·菲波斯历经风险，顺着藏宝图的指引来到了位于澳大利亚的洛豪德荒岛。

一个月过去了，在这个荒无人烟的小岛上，威廉·菲波斯什么也没找到，他丧气地在沙滩上踢了一脚，突然感觉什么东西顶了他的脚一下，忍着疼痛的威廉·菲波斯从沙子中掏出一只破旧的箱子，打开箱子后，一道耀眼的金光让威廉·菲波斯感到刺眼，他得到了梦寐以求的金币……

洛豪德岛

随后威廉·菲波斯共从岛上找到近 30 吨财宝，他成了超级富翁，逍遥地过完了一生。威廉·菲波斯在洛豪德小岛找到宝藏的消息，成为重大新闻，越来越多的人跑到洛豪德岛寻找剩余的宝藏，有的人则以洛豪德岛为中心寻找宝藏，因为当时的海盗无法将宝藏运输到太远的地方。

不过再也没有人找到宝藏，反而出现越来越多的藏宝图，没人知道哪一张是真的，也许没有一张是真的……

Part1 第一章

橡树岛的"钱坑"

夜深了，除了海浪和海风的声音，海岛上一点动静也没有，月光若隐若现。

突然，一个面目狰狞的海盗来到一棵快要枯死的大树下，也许长年在海上漂泊，让海盗的面容显得老态，他吃力地拖着一只破旧的箱子，那是他一生积累的财富，环顾四周没有人之后，海盗把财宝埋藏在树影下的深坑中。然后离去，也许过一段时间他会回来取走这些财宝，也许他会死于抢劫时的搏斗再也无法取走财宝……

海盗们埋藏财宝所挖的坑被人们称为"钱坑"，这一幕原来只发生在小说或电影中，在 17 世纪中期，加拿大的橡树岛却真实上演了一出"钱坑宝藏"的故事。

1701 年的一天，伦敦的刑场上聚满了人群，当天要处决的是大名鼎鼎的海盗威廉·基特。他在民间的声名甚至高于英国国王，此人杀人越货，无恶不作，被吊死的处罚对他来说也许太轻了。在行刑之前，威廉·基特对审判官提出了一个条件："如果让我活下去，我将把一生所抢劫的财富的埋藏地点告诉你。"

❖ 神秘的钱坑宝藏

橡树岛长 1200 多米，最宽的地方只有 800 米，加拿大政府曾表示，无论是谁在橡皮岛上找到宝藏，加拿大政府有权获得宝藏 10% ～ 30% 的财富，由于政府的表态，此事更加引起人们的兴趣，每年都有十几人到这个岛上"旅游"，不过这些人的真正目的是想试试运气，看看能不能找到宝藏。

可惜审判者对威廉·基特的话并不感兴趣，认为他只是为了保命在胡说，随着人们的欢呼声，海盗威廉·基特被吊死。他最后的话渐渐地在街头巷尾传开，关于他的宝藏，很多人都付之一笑，不以为真。

橡树岛是一处孤岛，面积并不大。岛上没有居民，渔民一般用来作避风港或休整地，有时渔民的孩子也会到这里玩耍。在威廉·基特死去 70 多年后，有三个孩子在橡树岛上玩耍，他们在一棵枯树的树枝下发现了一个吊轮。孩子们早就听说过"钱坑"的故事，他们立刻在吊轮的下方挖坑。

挖着挖着，孩子们感觉到这个地方好像被人挖掘过，越挖越像枯井。挖了很长时间，孩子们一无所获，便离开了。这件事以后，橡树岛上的秘密很快在渔民间流传开，老人们说橡树岛曾是威廉·基特的秘密基地，他临死时说的宝藏，很可能就藏在橡树岛。于是一拨又一拨的寻宝人来到橡树岛的枯树下，挖掘宝藏。

"钱坑"越挖越深，有人在这里挖到了一块刻着神秘符号的木板，经过破译后，木板上的内容竟然声称"木板下面埋藏了价值 2000 万英磅的财宝"，这个信息让寻宝人欣喜若狂，他们疯狂地向下挖。

❖ 橡树岛

宝藏就在下方，多方人员已经开始商量如何分配财宝，突然钱坑开始涌水，水很快填满了深坑，当时的人们没有工具清除积水，只能含恨离去。

此后又有无数的人登上橡树岛挖掘宝藏，没有一个人获得成功。几百年的时光中，宝藏的价值越来越大，有人曾预测，如果把钱坑中的宝藏挖掘出来，它的价值不低于 20 亿美元，这个天文数字对于任何一个人来说都极具吸引力。

◆ 橡树岛

现在加拿大和美国共同组建了一个公司，这家公司花大价钱在橡树岛上的钱坑中挖掘宝藏。据该公司称已经投资了 1000 多万美元，公司负责人表态，他们公司的高层深信宝藏的确在橡树岛上，无论投资多少，耗费多少时间，一定要找到宝藏。

Part1 第一章

黑水城的宝藏

1909年，俄国人科兹洛夫率领一支由士兵组成的探险队来到了中国内蒙古地区，由于当时清政府的腐败和无能，使得外国人能够任意在中国的领土上横行，这个叫科兹洛夫的俄国人，以考察野生动物为由，深入到一片荒芜的沙漠地域，他真的是来考察野生动物的吗？

正所谓来者不善，科兹洛夫此行的目的是为了寻找失落的古城——黑水城。黑水城一直是一个传说，关于黑水城的历史记载大多是说它属于西夏王朝，最令人关注的是西夏宝藏的传说。

在历史记忆的碎片中，黑水城曾是塞北名珠，吐蕃、回鹘和西夏三方势力交会之地，是军事和经济重镇。西夏建国皇帝李元昊建国之后，在此处设黑山威福军司所，在鼎盛时期黑水城内一片繁华景象，商人往来不绝，人民生活富裕，大小寺院遍布城市各处。

相传西夏时期，黑水城最后的统治者，人称"黑将军"，此人有勇无谋，妄想率军南下，占领中原取得天下，当时北宋朝廷得到消息后，马上派军征讨"黑将军"。黑将军一败涂地，率领残部退入黑水城，为了不让宋军得到黑水城数百年来积累的财富，"黑将军"下令将所有的财宝倒入一口枯井之中，整整80车金银财宝被埋葬，随后"黑将军"带领所剩军士，

❖ 科兹洛夫

彼得·库兹米奇·科兹洛夫，在当时的俄国被称为伟大的探险家、考古家。但对于中国来说，他与强盗无二，他多次进入中国的新疆、青海、西藏、蒙古等地，从中国挖掘出大量文物，这些文物对研究中国文化和民族文化有着极为重要的价值，俄方用了近半个世纪的时间，才将科兹洛夫的文物整理完毕，可见文物数量极为庞大。

出城与宋军决斗，最后战死沙场。而宝藏的埋藏地点从此成为谜团。宋朝军队入城之后，没能找到宝藏，将黑水城大肆破坏后，离开黑水城。

关于黑水城最后的线索来自明朝史料，据记载，明朝征西大将军冯胜，率领大军征讨蒙古，经过黑水城时，将外围河流改道，使黑水城没有水源，成为死城，城内的蒙古军队在没有水源的情况下，不得不撤退，从此黑水城便成为一座无人的死城，任由风沙吹袭，数百内年无人问津。剩下的只有黄沙和露出黄沙的佛塔，向人们诉说着曾经的辉煌……

令人惋惜的是，这个名为科兹洛夫的"强盗"最终找到了黑水城。他就是听到黑水城宝藏的传闻，才到此寻宝。他在黑水城乱挖一通，任何可疑的地点都没放过。虽然没找到宝藏，却找到了大量西夏到元代时期的书籍、金银器皿、钱币、佛教画像等珍贵文物，其中最宝贵的要属《番汉合时掌中珠》、彩绘双头佛，这些文物整整装了10大箱，被科兹洛夫带回俄国。科兹洛夫回国后受到热烈追捧。

科兹洛夫此行没能找到宝藏，带回的文物在西方世界掀起一股"西夏热"。科兹洛夫并没有死心，他坚信黑水城埋藏宝藏的传闻是真的，随后他又先后两次进入黑水城遗址，虽没有找到宝藏，但每次都带走大量文物，造成了中华考古史上最为惨痛的文物失窃事件。

◆ 黑水城

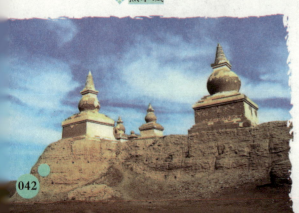

时至今日，黑水城遗址已是重点文物保护地。黑水城宝藏的传说人们并没有忘记，如果真的有宝藏，就让它深埋在地下吧，留给我们的后代，而不是被外人随意掠夺。

第二章
华夏大地的瑰宝

华夏文明绵延 5000 年，是唯一一个历史没有中断过的文明古国。从传说中的炎黄二帝到中华人民共和国成立，在这片古老的土地上先后出现过无数个王朝和政权，涌现了浩如星辰的英雄俊杰。新的王朝兴起，旧的帝国覆灭，兴亡之间统治阶级搜刮而来的无数财富会随着它的主人们一起离奇消失，有的被掠夺，有的被埋藏，有的被偷偷转移，更多的则是下落不明，成为永远困扰后人的谜案。

Part2 第二章

勾践宝剑 不锈之谜

当人们把宝剑上的泥污全部清理完毕后，剑身立刻散发出夺目寒光。宝剑一出惊天下，这就是著名的"天下第一剑"——越王勾践御用宝剑。

1965年，中国考古人员在望山发掘了一个楚国大墓，工作人员正在小心翼翼地整理各种碎片。这时，一位现场工作的青年手指碰了一下棺椁凸起的硬物，顿时血流如注。是什么东西？怎么如此锋利？考古人员把这块凸起的硬物用力拉出，只见是一把青铜剑。

当人们把宝剑上的泥污全部清理完毕后，剑身立刻散发出夺目寒光。一把在地下埋藏了2400多年的古剑为何能依然锋利无比，毫无锈蚀，寒光四射呢？经过后来的进一步研究，终于发现了越王勾践宝剑的秘密：剑身表面被镀了一层铬盐化合物。这一发现更是令人费解，要知道铬的熔点超过4000℃，远比任何一种金属的熔点都高，古代的铸剑师是如何让铸剑的炉膛达到如此高的温度呢？另外，金属镀铬这一技术是二战时德国科学家首先发明的，美国1950年申请了该技术专利。现代的人们知道，镀了铬的炮管和枪管耐高温、防腐蚀、耐摩擦，而古代越人

❖ 越王勾践宝剑

是如何知道近代科技的呢？

随着对古剑研究的深入，越来越多的疑惑困扰着专家。勾践宝剑全身雕刻着美丽的花纹和直径 0.4 厘米的同心圆，每个圆之间的距离不超过 0.2 毫米，而且花纹和同心圆很有规律，再精巧的技师也不可能在坚硬的宝剑上雕刻出如此规整的花纹，只有现代的数控机床才能做到，2400 年前的古人是如何做到的？

勾践宝剑在出土的时候曾被一个重量超过 150 千克的陶俑压弯，弯曲程度超过 45°，考古人员无比心疼地移开陶俑，拿出宝剑。正当人们痛惜宝剑被压弯时，神奇的一幕出现了：宝剑瞬间一弹而直，恢复原来平直模样！专家们无不惊叹，这把剑采用的金属有记忆能力，有自动恢复本领。

真是太神奇了，谁能想象得到，2000 多年前的中国古代士兵就已经手握着只有近代科技掌握的锻造技术打造的兵器。我们伟大的祖先到底还有哪些令人惊奇的科技成就，后世的人们又是如何丢失了这种技艺？这些远古技艺犹如现代科技穿越到了古代，而那些铸剑师犹如使用了现代高科技工艺，制造了一件件巧夺天工的宝剑，历千年而不锈，每件都堪称稀世珍宝。

◆ 越王勾践宝剑

我们在赞叹古人的精湛技艺的同时也十分痛心，中华文明曾一度遥遥领先于世界，在漫长的历史长河中涌现了无数奇人异士，可是我们的民族血脉里没有尊重知识、尊重科技、尊重创新发明的基因，导致最终落后于西方。

Part1 第二章

西汉巨量黄金消失之谜

翻开《史记》，经常会看到西汉皇帝封赏功臣时动辄百镒、千镒甚至万镒金，直到东汉时才改为米粟、布匹、绸缎等作为封赏物。

公元前200年，即位4年的汉高祖刘邦亲率30万大军北征匈奴，不料被匈奴冒顿单于率领的40万精锐骑兵围困在白登山（今山西大同市）。汉高祖特命陈平想计策，以解白登山之围，为此，刘邦支付给陈平2万镒金作为活动经费。当时的一镒约20两，也有24两的说法，2万镒约合40万两。而且当时刘邦刚刚建立大汉，国库比较空虚，但依然能轻松拿出2万镒金，由此可见，当时的金的确非常多。

◆ 汉高祖刘邦

汉高祖刘邦

根据史料记载，秦汉之际的黄金之多令后世备感惊奇。战国时的春申君黄歇为了结交秦相范雎，一次性就赠予万斤金；卫青征讨匈奴有功，汉武帝封侯的同时赏赐3万镒金；李广守边城有功，汉景帝赏赐8千镒金……金在当时不仅是

知识小链接

汉明帝有一次在朝堂上说，他梦见一个身高超过一丈的金人，头顶上有白光。正要问金人，那金人却呼的一声凌空飞走，一直飞向西方。明帝问群臣，这个梦怎么解释，多数人都不知此金人来历，有一博学的大臣说金人可能是西域中的佛陀。明帝听说西方有神，立刻派使者西去天竺，求来经书，并建了中土首座佛教庙宇——白马寺。

封建君主赏赐属臣的主要财物，也是商业活动中物物交换的核算单位。但是到了东汉年间，黄金似乎一夜之间突然消失，很快退出了流通领域，皇帝也不再是千镒万镒的封赏，而改为布帛和米粟。西汉时的大量黄金都哪里去了？这不是个别现象，而是大汉帝国普遍存在的情况，任何文献资料和官方档案都没有讲明其中缘由，这让无数学者备感困扰，堪称千年不解之谜。

❖ 冒顿单于

一种说法是大量的黄金被用于敬佛。自从西汉末年佛教流入中国，中土开始兴建庙宇，塑造佛像。大郡大城造大庙宇，塑大佛像；小州小县建小庙宇，塑小佛像。无论富贵州县还是穷乡僻壤，都兴起了一股敬佛热，加之贵族攀比，黄金消耗大增，不到百年时间，黄金消耗殆尽，一日少于一日。

另一种说法是丝绸之路开通后，罗马帝国和汉帝国的经济往来赚走了大量的黄金。这种说法显然站不住脚，当时中土盛产丝绸，东西方贸易中，大汉帝国赚取的利润更高，巨量黄金不可能被赚走。

还有一种说法是黄金被埋在地下。秦汉之际，皇帝陵墓的建造一般需耗费帝国 1/4 的财政收入，陪葬的物品更是数不胜数。比如汉武帝的陵墓，从其 16 岁登基就开始修建，在他执政的 54 年间，从来没有停止过陵墓的修建，每年都有几十万徭役在修建陵墓。汉武帝死后，其陪葬物品更是填满了整个墓穴。上有好者，下必甚焉。从贵族到州官，从富商到巨贾，

❖ 西汉玉币

无不以厚葬为荣，如此就造成了汉帝国黄金急速减少。这种说法显然更可信、更合理。

也有一种说法认为秦汉之际的金其实就是黄铜，因为从历史上来看，当时的生产力不足以生产出如此巨量的黄金，而铜的产量更高，因此断定史书上记载的"千镒金""万镒金"实则是大量的黄铜。这一说法也有不足取之处，汉朝黄金单位为"镒"，铜的单位为"铢"或直接称"钱"，铜和

❖ 卫青

金的区别是十分明确的，就连管理者也分别称为"铜官""金官"，显然汉朝时的金绝不是铜那么简单。

东汉之前的王莽时期仅国家黄金储备就约560吨，加上民间藏量，西汉末黄金存世量是一个惊人的数字。但仅仅过了十几年，王莽倒台，刘秀恢复了汉室，但是这么多黄金却不翼而飞，成为世界历史上的黄金悬案。也许是为了考验后人的智慧，祖先们刻意给我们留下这不解之谜吧。

❖ 西汉铜镜

Part2 第二章

楚霸王 绍兴藏宝

> 浙江绍兴历史悠久，名人荟萃，景色秀丽，素有"桥乡""水乡""酒乡"和"书法之乡"的美誉，是首批国家历史文化名城之一。

在绍兴西郊有一个名叫项里村的小村庄，这里一直流传着一个关于西楚霸王项羽藏宝的传说。

项里村背靠草湾山，山上覆盖着茂密的灌木林，据说能打开项羽宝藏地穴的怪字就隐藏在草湾山的深山密林之中。刻有奇怪字符的青石长3米，宽2米，表面粗糙，虽经历2000年的风雨沧桑，但字符依旧清晰可见。刻入青石的字约7厘米，笔画横直，形状方正，显然是人工雕琢上去的。字符样式古朴，不像篆文，也不是秦汉时的金文，更像是一幅指引地图的符号。在其中一块石头的底座位置，均匀地分布着9个人工凿出的洞眼。这些人工制造的洞眼，真的是传说中的楚霸王藏宝吗？这些字又是如何和项羽藏宝联系起来的呢？更离奇的传说是，谁能破译这些奇怪字符，谁就能找到项羽的藏宝地。但2000多年以来，从没有人能破译出神秘字符的含义，更别说找到项羽藏宝地了。

草湾山刻字成了绍兴当地的一

❖ 项羽

个大谜团，至今无人能解。项羽是楚人，就是今天的江苏宿迁，楚国名将项燕之孙，力能拔山，勇武过人，凭借一己之力推翻暴秦，建立西楚政权。据《绍兴志》介绍，项羽为避难曾在项里村隐居，并得到当地村民热烈拥护。项羽后来在此地募集 8000 江东子弟，并在此练兵筹备起义。其间，他铸造了 12 面金锣，金锣由技艺高超的能工巧匠铸造，含有 80% 的黄金和 20% 的黄铜。据称，该锣大如车轮，声

音洪亮，背面雕有十二生肖图案，预示着江东子弟万众一心。据说当时这 12 面金锣价值不菲，项羽离开村子时为感念村民庇护，特将这 12 面金锣赠予村民，并命令士兵在村后的草湾山附近挖坑藏宝，然后又在山上凿下字符，声称谁能识得此字，即可找到那 12 面价值连城的金锣。

❖ 项羽墓园

项羽告别江东父老，带领8000子弟兵开始了他横扫天下的霸业。推翻暴秦后，项羽开始和汉王刘邦争夺天下，史称"楚汉相争"。楚汉战争最后以汉集团的胜利告终，项羽被名将韩信追杀到垓下，他无颜过江见江东父老，最后拔剑自刎，可怜一代枭雄落得如此下场。

绍兴深山中发现神秘字符

项羽死了，他留下的宝藏成了无主财富，他留下的字符也无人能识，其间虽有无数的学者、冒险家试图揭开这几个字符的含义，但无一能成功。清朝初年，绍兴学者张岱曾待在草湾山，仔细研究字符之谜，最后无果而终，只得放弃；乾隆下江南时也曾到草湾山查访，但也失望而归。

20世纪90年代，北京大学副教授、国内知名的古文字学家裘锡圭经过研究认为，这些字符只不过是建筑工人施工时随意刻下的标示，并无特殊含义。可是建筑工人为何花费那么大精力刻下几厘米深的字符呢？难道仅仅是为了排序、装饰吗？

韩信

那些奇特的字符究竟是何含义？到底有没有项羽藏宝这回事？宝藏经历2000年是否依然存在？这些都是困扰世人的千古之谜。也许那些字符根本就无解，就让那些财宝永远埋在地下吧。

巴蜀古国之谜

巴蜀，是战国秦惠王占领蜀中后正式命名的郡，从那时起，蜀中正式纳入大秦版图，成为华夏民族中重要组成部分。

战国时期，秦国无时无刻不在筹划吞并六国，商鞅变法后，秦国迅速壮大，开始以武力征服东方诸国。由于连年征战，秦国国力耗费巨大，从事农业生产的男丁都被派往前线打仗，后方根本没有足够的粮草供应前方，为此，秦国历代国君都在想办法找到一个稳定的粮食来源。到惠王时期，他将目光投向西南方的巴蜀，听说那里是天府之国，物产丰

知识小链接

我们常说中国是世界四大文明古国之一，有 5000 年的文明史，第一个奴隶制国家是距今 4000 多年前的夏朝……但这不是信史。信史中第一个奴隶制王朝是 3600 年前的商朝，这显然不符合文明古国的地位。而三星堆，一个名不见经传的小地方，一个位于四川盆地默默无闻的小山村，一下子将中国文明信史延长到 4800 年前。

富。可要修一条通往蜀中的道路也非易事，秦国没必要将大批精壮劳力投入到开山修路上。公元前 316 年，秦惠王派使者拜见蜀王，称要赠送蜀王三头能"拉金"的石牛，遗憾的是入蜀道路不通，无法将石牛送达。憨直的蜀王居然相信了秦王的伎俩，立刻高兴地派出国内民夫在短时间内修筑了

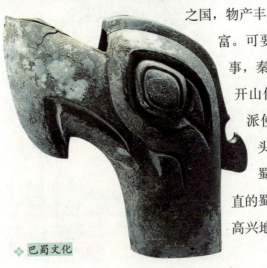

❖ 巴蜀文化

一条进入蜀中的道路。结果可想而知，秦国沿着这条新路很快吞并了蜀国，夺得长江上游的富庶之地，为百万大军找到了可靠的粮源，为 70 年后统一六国打下坚实基础。

所有的史书关于蜀中的记载只有公元前 3 世纪以后的，人们对于这之前的蜀中一无所知。好在有考古这一工作，考古工作者的研究为我们解开了古蜀国的史前秘密。

2006 年，四川省考古队翻越连绵起伏的山峦进入威州镇岷江河谷，对一处古代遗址进行发掘研究。随着挖掘的深入，所获的文物一次次地让所有考古人员感觉不可思议。在这片废墟下挖出了许多精美的彩陶，这些陶片和中原地区的文化完全不同，和甘肃青海地区的马家窑文化一致，属于史前文化。经过推测，研究人员认为，远古时的蜀人正是从甘肃青海地区迁徙过去的羌人。考古队进一步得出结论，这就是蜀文化的源头！

这一发现震惊了考古界，也弥补了古蜀国研究领域的空白。著名学者俞

巴蜀文化——金面铜人头像

❖ 三星堆及三星堆博物馆鸟瞰图

伟超观看了五彩陶片后发出感叹："羌族能在同一地方延续5000年而不绝,这是世界绝无仅有的奇迹。"诸多学者认为,古蜀国遗址完全能评得上联合国世界文化遗产。

研究人员在观察古蜀国陶片的同时,联想到了著名的广汉三星堆遗址出土的青铜器,陶片上面的图案和三星堆文物极为相似,甚至比三星堆还要早1000多年。这个想法立刻像一盏明灯照亮了学者们的视线,所有的不解和疑惑一扫而空:困扰学界多年的三星堆文化似乎有了眉目,他们共同的祖先都是青海甘肃地区的羌人,这些人先于6000多年前迁徙到蜀中,在这里繁衍2000多年后,一部分羌民走出岷江河谷继续南下,直到发现一马平川的广汉平原,他们被这里优良的农耕环境吸引,在这里扎根,繁衍生息,建立了独立于古巴蜀国的新王国——三星堆古国。

这只是根据发掘出的陶片而产生的一个大胆的猜测,但研究人员已经确信四川羌民和古蜀国、三星堆古国有着密切的联系。现在要做的是找到更多支持这些论点的证据,相信随着研究的深入,挖掘出越来越多的文物,找到更多有价值的信息,人们将彻底揭开古蜀国的神秘面纱,埋藏在地下4000多年的古蜀国瑰宝将会以一种特殊的方式造福社会。

■ Part2 第二章

天下之宝——传国玉玺

很多真实的历史被后人加入许多神奇的传说，甚至带有神话色彩，使原本真实的历史成了亦真亦幻的故事，和氏璧即属此类。

春秋时期，楚国人卞和看见一只凤凰落在荆山上，因为有"凤凰不落无宝之地"的传说，卞和断定荆山下有宝。经过几天的挖掘，卞和从凤凰落脚处找到一块璞玉。他将璞玉献给楚厉王，厉王命玉工辨认，玉工认为不过是块石头，厉王大怒，将卞和斩去左脚。楚武王即位后，卞和再次来到郢都，献上璞玉。玉工认为仍旧是块石头，武王怒，斩去卞和右脚。到了楚文王即位，卞和在楚山下痛哭，哭瞎了眼睛，双目出血。文王询问他为何如此伤心？卞和痛诉道："我痛哭并不是为失去了双脚，是为了宝石被当成石头，忠贞之人被污为奸邪，无端受辱痛哭。"文王怜悯，命玉工破开璞玉，得到一件惊艳无比的美玉，名曰"和

知识小链接

和氏璧和随侯珠并称天下两大奇宝，两宝合称"随和""春秋二宝"。相传随国的国君随侯一次外出郊游，在路边见一条受伤的蟒蛇痛苦万分，随侯怜悯，命人给蟒蛇敷药包扎，放归草丛。蟒蛇痊愈后衔来一颗夜明珠赠给随侯，说："我乃龙王太子，感谢使君救命之恩，特来相报。"

❖ 秦始皇

氏璧"。后来和氏璧辗转到了赵国，秦王垂涎，许诺以 15 城来换和氏璧。聪明勇敢的蔺相如经过斡旋，不辱使命，完璧归赵，演绎了一段精彩绝伦的传奇故事。

公元前 221 年，秦统一中国，六国无数珍宝被运往咸阳，自然也包括天下闻名的和氏璧。秦始皇九年，嬴政召集了技艺最精湛的雕刻技师，精心将和氏璧制作成了大秦玉玺，由名相李斯撰写"受命于天，既寿永昌"八个篆书大字。天下第一的美玉，天下第一的工匠，天下第一的篆书，种种因素让传国玉玺成为旷世绝宝，再加上其代表着帝国的正统地位，让这块美玉自从一诞生就注定了它命运多舛，屡遭劫难。

◈ 传说中的和氏璧

下面让我们一起关注下这块绝世珍宝在 1000 多年的时间里都经历了哪些惊心动魄的宫廷斗争、政权更迭。

刘邦灭秦后，秦王子婴将玉玺献给汉高祖，玉玺成了"汉传国宝"，一直被保留在大汉皇宫 400 余年，其间有王莽篡汉，暂时保管了 20 多年玉玺。大司马王莽向自己的姑母王太后逼要传国玉玺，太后痛恨这个伪君子，气得将玉玺投掷地上，砸坏一小角。王莽心疼地赶紧拾起，命能工巧匠用黄金将其精心修补好，从此玉玺也称为"金镶玉"。汉末，董卓作乱，玉玺先落入孙坚之手，后被袁术夺了

◈ 卞和献玉

去。荆州刺史将玉玺献给许昌的曹操，至此玉玺又回归汉室。曹丕即魏王位后将玉玺改成"大魏受汉传国玺"，司马炎篡魏，玉玺归晋。匈奴人刘聪俘获晋怀帝，玉玺归前赵。冉闵灭后赵，晋将骗走玉玺后又归还给偏安一隅的司马氏。在江南，传国玉玺先后经历了宋、齐、梁、陈四个短命王朝。隋文帝结束了长达320年的划江而治，统一华

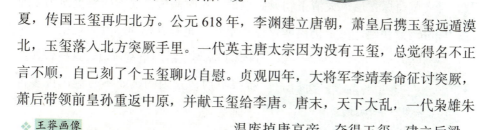

❖ 传说中的和氏璧

夏，传国玉玺再归北方。公元618年，李渊建立唐朝，萧皇后携玉玺远遁漠北，玉玺落入北方突厥手里。一代英主唐太宗因为没有玉玺，总觉得名不正言不顺，自己刻了个玉玺聊以自慰。贞观四年，大将军李靖奉命征讨突厥，萧后带领前皇孙重返中原，并献玉玺给李唐。唐末，天下大乱，一代枭雄朱温废掉唐哀帝，夺得玉玺，建立后梁。

❖ 王莽画像

李存勖灭梁夺回玉玺，建立后唐。据史料记载，最后一个拥有传国玉玺的是唐末帝李从珂，他在政敌兼妹夫石敬瑭攻入洛阳后，和嫔妃投火自焚，所有御用物品一概被投入熊熊大火，但火灭后，石敬瑭翻遍灰烬也找不到玉玺。从此，传国玉玺神秘失踪，关于这件承载着无数帝王梦想的奇宝下落众说纷纭，莫衷一是。

Part2 第二章

逊帝珍宝散失揭秘

> 1911年末代皇帝溥仪被迫逊位，搬出皇宫大内，带走无数奇珍异宝。溥仪为了维持生计，变卖了这些价值连城的古物。

辛亥革命爆发后，大清王朝风雨飘摇，顿时倾覆。北方的袁世凯为了厚待满清朝廷，决定仍由溥仪住在皇宫，每月补贴400万的花销。对于过惯了奢华生活的皇室成员，这些钱显然捉襟见肘，宫内的嫔妃不时偷出许多古字画变卖。

1925年，溥仪和皇室被迫离开北京城辗转来到天津，随身带着几十个大木箱的故宫珍奇宝贝，用马车拉着，仅字画

知识小链接

末代皇帝所携珍宝不胜枚举，件件皆价值连城，其中有一个顶戴珍珠，相传是乾隆皇帝的朝珠。乾隆曾在永定河散步，见河内有白光射出，甚是耀眼。乾隆命人下河打捞，从河内捕一巨蚌，撬开河蚌获一枚直径约为6.6厘米的珍珠，这就是著名的乾隆冠顶珠。

手卷就超过1000多件，宋、明版书200多种。其中许多字画是王羲之、王献之的真迹，件件都是稀世珍品，还有唐宋名家钟繇、怀素和尚、"草圣"张旭、欧阳询、赵佶、米芾、董其昌等艺术大师的真迹，其中最有名的恐怕是张

❖ 袁世凯

择端的《清明上河图》、司马光《资治通鉴》手稿，件件都是中华文化艺术精品，绝非用金钱可以衡量。随便从这些字画里抽出一幅进行拍卖，按现在价格计算，每幅都会超过几千万元。这几十箱的书画精品，是多么丰厚的一笔艺术财富啊。

溥仪到天津后，幻想着继续过着小朝廷的生活，过个小节日也讲究排场，因此开支浩繁，生活难以为继。为筹集资金，溥仪不得已将随身携带的珍宝托人变卖。天津等地的几家古玩商以极低的价格买了

❖ 爱新觉罗·溥仪 17 岁时的照片

几件珍宝，大赚一笔，轰动京津两地，惹得其他古玩商无不眼红。溥仪知道后，又拿出许多珍宝，托人多方打听行情，以防再次上当，最终一家古玩店以 6 万银元价格收购。

这批珍宝真的仅仅价值 6 万银元吗？溥仪对比多家古玩店后真的没有再次上当吗？显然不是，这些珍品随便拿出一件价格都超过 10 万银元，这只不过是古玩商联起手来骗溥仪的鬼把戏，他们约定价格都不要超过 6 万银元，然后所得巨额利润大伙儿平分。可怜曾经高高在上的末代皇帝竟沦落为任人宰割的羔羊。

溥仪显然对这两次交易十分不满，后又拿出些古玩卖给法国古董商罗森泰。这个法国人十分识货，也是个诚实的商人，立刻以 60 万银元的价格买下这些宝贝，这样溥仪在天津的生活才得以维持下去。1931 年，在天津住了 6 年后，溥仪被日本特务挟持，辗转前往东北，那些珍宝也被关东军参谋吉冈安运送到长春伪满皇宫。在长春的 14 年期间，

❖ 袁世凯

溥仪作为一个傀儡皇帝过得并不开心，每天仰日本人鼻息，还得经常拿出许多珍玩赏赐那些对珍宝垂涎三尺的日本各级军官。1945 年，日本宣布无条件投降，溥仪不得不离开长春，除了拿走一些珍贵的首饰、心爱手卷和乾隆玉玺外，其余都交给近侍王敬羽、何义等人，部分留在了长春伪皇宫。溥仪的随从们利用最后的时机将珍宝分光，后各奔东西，隐名埋姓，一路贱卖换成金银。伪皇宫也被洗劫一空，流散民间。当时许多旧货铺和大当铺都有这

❖ *爱新觉罗·溥仪*

些珍宝，甚至一些人直接在大街上摆个地摊成批叫卖大内珍品，当时这批货被古玩行业称为"东北货"。

溥仪在逃亡途中连同携带的文物被苏联红军扣留，后移交新中国。令人惋惜的是，溥仪从皇宫内带出的几十箱的古玩珍宝、名人字画，经过 20 多年的颠沛流离，只剩下简单的几件包裹，无数艺术珍品下落不明，成为国人心中永恒的痛。

Part2 第二章

东陵宝藏今何在

军阀孙殿英借军事演习之名，挖开了清东陵墓群，盗窃了无数的金银财宝、玛瑙翡翠，后来这些财宝大部分下落不明。

孙殿英也称孙麻子，因他年少时出过天花，脸上长了麻子。孙殿英幼年丧父，母亲对其十分溺爱娇惯，他十几岁时就跟着当地地痞鬼混，是远近闻名的赌棍。成年后，他贩过鸦片，入过邪教。军阀吴佩孚在洛阳时曾下令缉捕毒贩孙殿英。在洛阳没有立足之地，孙殿英就逃亡陕州。后来他遇到了曾经的赌棍朋友，居然摇身一变，成为军官。孙殿英出身流氓，浑身江湖气息，颇受同样是土匪出身的张宗昌赏识，很快成为一名师长。在张宗昌的庇护和纵容下，孙殿英逐渐发展成一个小军阀。

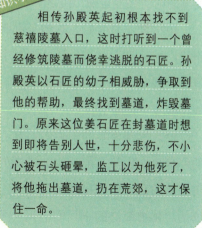

知识小链接

相传孙殿英起初根本找不到慈禧陵墓入口，这时打听到一个曾经修筑陵墓而侥幸逃脱的石匠。孙殿英以石匠的幼子相威胁，争取到他的帮助，最终找到墓道，炸毁墓门。原来这位姜石匠在封墓道时想到即将告别人世，十分悲伤，不小心被石头砸晕，监工以为他死了，将他拖出墓道，扔在荒郊，这才保住一命。

20世纪20年代的中国大地军阀混战、民不聊生，孙殿英作为杂牌军根本不受蒋介石的厚待，军饷时常被克扣、延发。部下官兵长时间领不到饷银，军心浮动，常有开溜现象发生。

❖ 张宗昌

孙殿英担心长此下去，他的这支队伍迟早会解散，必须解决面临的饷银问题。一个高尚的人自有高尚的解决之道，一个流氓出身的军阀想出的点子自然有与生俱来的邪恶，孙殿英决定去盗墓！

❖ 清东陵——孝陵七孔桥

1928 年的一个夏天，孙殿英在马兰峪贴出十二军布告：即日起本部将在东陵附近搞军事演习，严禁百姓出入，演习区域内的百姓也必须尽快撤离。百姓看了布告，哪个敢停留，就连守护陵墓的前清兵卫也撤出陵区。

1928 年 7 月 4 日，孙殿英部将用炸药炸开了慈禧陵墓，士兵们点着马灯胆战心惊地步入墓道，只见陵墓中金光闪闪，石桌上堆放着数不清的珍珠翡翠、玛瑙宝石。已经半年多没发饷银的士兵们已顾不得孙殿英的命令，疯狂地将珍宝一扫而空。

没有抢到珍宝的士兵们不甘心，他们拿起斧头将慈禧的棺椁打开，棺内的一幕再次震惊了匪兵们，满满的金银珠宝熠熠生辉，比刚才的更加耀眼，将阴暗的墓室照耀得灿灿莹莹。士兵们一愣，立刻将棺内珍宝洗劫一空。慈禧的尸体被眼红的士兵们扔到一旁，几个匪兵见慈禧身戴着各种首饰，立刻扯拉抢夺，可怜这个曾经最有权势的皇太后被扯得

❖ 慈禧陵隆恩殿蟠龙金柱

稀巴烂，四肢分离，惨不忍睹。官兵们之间也发生了抢夺，有三名军官在抢宝过程中被枪杀，永远沉睡于地宫。

尝到甜头的孙殿英"再接再厉"，如法炮制将乾隆陵墓打开，将地宫宝藏抢劫一空。乾隆和慈禧是大清帝国两个极为显赫的人物，他们当政时间长，修建陵墓耗时也很长，陪葬的物

❖ 慈禧陵隆恩殿

品自然十分繁多，各类奇珍异宝数不胜数。据参与盗墓的一位军官回忆，孙殿英将两个陵墓盗出的宝物用七八辆车拉走，一些珍珠翡翠从车的缝隙散落，士兵们也顾不上捡起，任由它们丢失。

孙殿英盗宝后，立刻将赃物转移到北京、天津等地，也发往塘沽，准备出手卖给外国人。孙殿英的疯狂举动立刻引来全国人民的抗议，尤其是前清遗老遗少，更是痛不欲生，纷纷要求国民政府对其严惩。然而孙殿英为人极为精明，出手大方，从赃物中精挑细选了一大批珍宝上下打点。其中一件极为珍贵的乾隆九龙宝剑，经戴笠之手转赠给了蒋介石；另一宝剑送给国民党要员何应钦；慈禧的翡翠西瓜赠予宋子文；慈禧口含夜明珠赠给了蒋介石夫人宋美龄；一串翡翠佛珠赠给了孔祥熙和宋蔼龄夫妇；将价值50万的黄金也赠给了山西土皇帝阎锡山……总之，清东陵宝藏迅速消失，飞入古董商、匪兵、军政大员手里。国民政府为了应付国人，装腔作势地调查了一番，最后不了了之，也没有惩处孙殿英。

多行不义必自毙！1949年，孙殿英在河南汤阴和解放军作战时被俘，新中国终于惩处了这个臭名昭著的盗墓军阀。

世界文化遗产

清东陵

Part2 第二章

天京 "圣库" 之谜

说起太平天国的宝藏，就必须提起洪秀全的"圣库"制度。

太平天国起义之初，要求所有加入"拜上帝会"的信徒变卖家产，一律上缴"圣库"，所有人的衣食皆由"圣库"支出。这是一种相对公平的财政制度，对太平天国初期的发展起了积极作用。到后期，"圣库"制度名存实亡，成为洪秀全和各王各府的私家银库，为太平天国运动的失败埋下伏笔。

1853年，太平天国定都天京，洪秀全颁发"圣库"皇诏，要求所有军民均不得私藏财物，所有战时获得财物一律上缴"天朝圣库"充公。该制度纪律十分严明，凡藏银超过5两，就会被治罪，超过10两即被判死刑。"圣库"相当于天国的国库，以备购买军械炮弹，粮草军需。

太平天国在天京的十余年间，积累了多少财富，"圣库"到底收藏了多少金银，历来是史学家们争论的话题。据清军密探张继庚的情报称，仅太平军占领南京当天就运来1800万两白银。这是最初关于"圣库"藏银的信息，基本可以确定，作为天朝国库的"圣库"是存在的，毕竟几百万人的生计问题都是从"圣库"里拨付的，若没有庞大的财政支持，显然不符实际。

不过有学者认为，"圣库"不会有太多银

子，因为洪秀全定都天京后，不思进取，沉迷富贵，他开始在两江总督府的基础上改扩建天王府。天王府方圆十余里，内外两重，墙高数丈，名曰"太阳城"。天王府所有建筑金碧辉煌，精雕细琢，装饰奢侈，繁华无比，连紫禁城都比不上。上有好者，下必甚焉，各王各府争相攀比，所有这些都耗资巨大，"圣库"不会有太多结余。

❖ 曾国藩

1864 年，湘军攻陷天京，如火如荼的太平天国运动以失败告终。曾国荃带领 10 万湘军在天京城内肆意掠夺，天王府和诸多王府成了湘军重点洗劫对象。曾国荃早知道关于"圣库"的传言，下令湘军不惜一切代价找到宝藏。但湘军几乎用尽一切办法，找遍了南京所有地方也没有找到"圣库"。曾国荃严刑拷打熟知太平天国内情的李秀成，希望从他口中获知"圣库"下落，但李秀成誓死不说宝藏下落。曾国荃大怒，想不到围困多年的天京除了奢华的天王府什么宝藏也没捞着，一怒之下，他一把火将天王府烧了。

另有一种说法是，在广东韶关有一个"曾氏银库"，相传是曾国荃攻陷天京后，连夜将千万两白银十万火急地转移到广东，避开大军视线，为的是独吞这份巨富，不想上缴清廷。当时的《上海新报》也曾报道说，曾国藩夫人由天京返回湖南老家时，动用了 200 多艘船，甚至有湘军水师的战船，不免有瓜田李下之嫌，这么多行李中是否有曾氏兄弟从南京缴获的财宝？

❖ 曾国荃

❖ 曾国藩故居富厚堂

《上海新报》一石激起千层浪，立刻引起了人们对曾氏银库的猜测，清廷软弱无力，正依靠湘军南征北伐，也不敢对曾氏兄弟有微词，只得装作不知，任由湘军独吞此宝。

民国时，又有个传说迅速流传开来：一个广州人曾加入太平天国，天京沦陷前几月，某位位高权重的王爷命46名军丁连夜在家中挖藏宝洞，用几夜时间埋藏了几百箱的金银珠宝。竣工后，王爷要设宴款待46名军丁，并发放赏银。广州人因忽然得了疟疾，没赶上王爷家宴，其他人都兴高采烈地去赴宴领赏。不料心黑手狠的王爷斩杀了所有赴宴的军丁，广州人闻讯后大惊，立刻乔装打扮带病跑回老家，隐名埋姓地生活。他临终前交给儿子一张藏宝图，是凭借记忆绘出的太平天国藏宝地。后来他的儿子来到南京，聘请洋人在图纸标明位置勘察挖掘。具体那人是否挖出宝藏，后人无从得知，但太平天国宝藏传说却不胫而走，迅速传播。直到今天，南京城内藏宝和"圣库"传说依然是一个谜团，等待后人去解开。

◆ 曾国藩蜡像

■ Part2 第二章

北京人化石下落之谜

有一些东西不是金银，也不是珠宝，但却价值连城，或根本不能用金钱来衡量。震惊世界的北京人化石就是这种无价之宝。

北宋时，北京周口店就盛产"龙骨"，人们把它磨成粉敷在伤口上。近代，古生物学家经过研究，认为所谓的"龙骨"其实就是古生物的骨骼化石。20世纪初，许多古生物学家来到北京周口店，进行挖掘和科学考察。

1927年，由中国地质调查所组织的挖掘队开始在周口店一带大规模挖掘。1929年12月2日夜，经过两年的不懈努力，两位青年古生物学家裴文中和杨钟健挖出了一个完整的北京类人猿头骨！震撼世界生物界的研究诞生了，中国人挖出了距今60万年的类人猿头骨。1936年，经过古人类学家贾兰坡进一步挖掘，又挖出了3个类人猿头骨和许多石器、牙齿等。

德国也曾有过尼安德特人、爪哇"直立人"等，但由于人们思想保

知识小链接

周口店北京人化石曾被誉为"人类最动人的发现"。70年来，古人类学的研究突飞猛进，已经形成一套完整的知识体系，就算"北京人"化石被找到也不会影响现代的科研。今天，这些化石蕴含的更多的是文物价值，学术价值反而不那么重要了。

◈ 北京人头盖骨

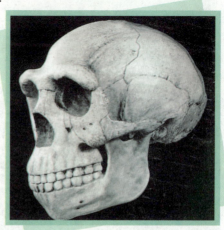

守，这些发现并没有得到学术界公认，人们对人类起源和进化问题一直争论不休。自从北京人化石发现后，特别是使用石器和火的遗迹，直立人的存在才得到学术界肯定，有力证明了人类进化的顺序，为达尔文学说提供了有力证据。

◆ 北京人头颅模型

1937 年，卢沟桥事变，日本开始全面侵华。为了保证这批北京人化石的安全，贾兰坡等将这批国宝保存到北京协和医院。1941 年冬，日美关系迅速恶化，协和医院也不安全，德国人魏敦瑞提出将化石运至美国自然历史博物馆，战后再运回来。经多方交涉，中美两国专家达成协议。

11 月 20 日，全部化石被封装在两个大木箱内，由美国公使押送至海军陆战队总部。负责运送木箱的是美国阿舒尔斯特上校，他将两个木箱装到标准化箱里，准备乘坐"哈里逊总统"号轮船驶往美国。

不幸的事发生了，12 月 7 日，珍珠港事件爆发，日本对美国宣战，迅速俘获了全体美国海军陆战队。日本人接管了美军的所有物品，包括装有北京人化石的标准箱。从此以后，这批无价之宝再也没有任何消息。中国政府为追回这些化石，开始多方查找线索。

北京人化石哪里去了？一种说法是这些化石根本没有出北平城，被埋在美国公使馆的后院里。这个消息是一位担任公使馆警卫的士兵所透露的，他回忆称，珍珠港事件前，他见有人将一箱东西偷偷埋到院子里，里面肯定是北京人化石。但当年埋箱子的地方已有建筑，故无法挖掘，是否真的存在

◆ 北京周口店遗址博物馆馆藏

其下，尚不得而知。

另一种说法是，装有北京人化石的"哈里逊总统"号轮船在赴美途中不幸沉没，国宝永沉海底。但持不同观点的人认为，"哈里逊总统"号根本没沉没，中途被日本人截获，国宝落入日军手里。

北京人头盖骨化石——额骨

还有一种说法，有两位日本考古学家曾到过北京协和医院，要求查看北京人化石。但当他们得知化石已经不在医院时，立刻通知日军驻华北司令部派人查找。日军逮捕、拷问了许多人，并最终查到国宝下落，处死知情人，使得无人知道国宝下落。

二战结束后，美国曾向民国政府移交相关物品，但没有北京人化石的箱子；美国占领日本，中国代表李济曾在东京四处查访，打听北京人化石下落，但一无所获；一位日本老兵1996年去世时，曾给驻日使馆发过信息，称他们小队当年负责处理化石，把化石埋在日坛公园的一棵松树下，还在松树上做了标记。可当人们挖开松树时，连箱子的影子都没找到；20世纪70年代美国富翁詹纳斯悬赏15万美元，征集北京人化石的下落，世界各地传来上百条信息，但没有一条可信，均被一一否决。

❖ 北京人复原像

距北京人化石失踪已经70年了，中国政府一直在不遗余力地追寻国宝，相信随着更多信息的披露，北京人化石一定会重见天日。

Part2 第二章

大西皇帝沉银之谜

张献忠率起义军从山西打到河南，再到四川，声势浩大。他的军队喜欢抢劫，16年间积累了富可敌国的财富。

张献忠和李自成都是闯王高迎祥的部将，有"闯将"之称。1635年，张献忠和李自成因为矛盾而分道扬镳，开始将兵锋指向长江流域，李自成攻打黄河流域。张献忠自幼读过一点兵书，有勇有谋，他从山西出发，一直打到陕西、河南、湖北、安徽、湖南，然后向西进入四川，走一路，打一路，抢一路，杀一路。张献忠对金钱有着极强的贪欲，十分喜欢抢劫富户和商贾，所到一城，必将城中富户和达官贵人抢劫一空。

> **知识小链接**
>
> 《清史》把张献忠描写成一个杀人魔王、嗜血屠夫，他在四川的十几年，几乎将四川人屠杀殆尽。历史的真相真的是如此吗？有学者认为四川人是清兵屠杀的，并非张献忠所为，清朝的学者将这一笔账算在张献忠头上，是为了转移矛盾。

❖ 李自成

1644年8月，张献忠在四川称帝，改元大西，自称大西皇帝。张献忠从此开始走下坡路，脾气变得异常暴躁，动辄杀人，短短几年就实行了数次大规模屠杀。1646年末，清军南下，进入川中围剿大西政权，张献忠引兵拒战，在凤凰山一战中，被清将雅布兰射杀。

大顺帝李自成

他的部将们立刻将尸体用薄棉包裹找了个地方将其安葬。

成都民间曾有一句民谣："石牛对石鼓，银子万万五。"这句民谣显然预示着这里有一个巨大宝藏，而这个宝藏就是张献忠隐藏在四川的数量惊人的金银。

2005年4月20日，四川彭山县一个施工队在挖沟槽时，发掘出一段朽木。朽木中空，肚子里装满银锭。经彭山县有关部门鉴定，属于明代官银。其实在几十年时间里，在彭山县

❖ 张献忠

一代相继发现许多明代银锭。诸多证据证明，张献忠在此藏宝千真万确。

相传，张献忠兵败成都时，有十几艘大船沿岷江顺流而下，到彭山境内被清军埋下的铁链阻住。押送大船的大西军见清兵众多，于是凿沉大船，弃船而逃。清兵早听说了张献忠掠夺了无数金银，想不到在这里被他们拦截准备用船装走，可等他们登上一些尚未完全沉没的大船后发现，船上装的全是石头。这显然是狡诈的张献忠为了掩人耳目故布疑阵。

❖ 神秘银锭引出的"张献忠宝藏"

《蜀难纪行》记载了张献忠宝藏的更多细节：大西军队从水路出川时，携带了太多银两，木船难以载下。于是张献忠命令工匠砍伐大木头，将木头劈开，挖空内槽，把银锭装入后再合上，用铁丝固定，然后顺江漂流。张献忠原打算将银子运到巫山后再打捞上来，却不想遭到清军阻击，江船阻塞河道，大部分银子沉入江底。

乾隆五十九年，有打鱼者在彭山县江面打捞上一具刀鞘，总督孙士毅立刻派人在附近打

捞数日，捞获白银万两及数量不菲的珠宝玉器。

◆ 还原 20 世纪 30 年代的挖掘现场

太平天国运动高潮阶段，成都将军裕瑞为了抵抗太平军西进，多方筹措资金，然而清廷财政困难，有心无力。裕瑞就动了查找张献忠沉银的心思，他上奏咸丰皇帝，询问此事是否可行。咸丰帝回复他道，可以根据形势，悉心察访，若能知其所，当奋力捞掘。可裕瑞查找半年，一两银子也没捞着。

2005 年，文物工作人员在彭山县挖掘现场发现了保存完好的官银木桶，这些木桶直径 25 厘米，长 130 厘米，木桶两头用铁圈箍紧，正好能放下 10 锭官银。通过现代科技手段已经确定张献忠沉宝地正是老虎滩一带，那么这些沉寂了 360 多年的银子能否重见天日呢？隔了这么长时间，沉银是否会发生位移？如果打捞，需要投入多少资金？打捞专家早已针对老虎滩沉银做了细致分析，经过测算，沉银应该在地下 20 米，若是枯水期打捞，水深仅 2 米，河床宽 50 米，如若改变河道，露出河床，投资更小。

◆ 彭山挖出的内有七锭银元的圆木

彭山县历代都有人从河中捞出过数量不等的朽木和银锭，所有这些都证明两点：张献忠沉银是真实的历史；沉银数量庞大，足以震撼所有的人。宝藏如今依然静静地躺在河底某个地方，等待幸运者将其挖出。

中国海盗王的宝藏

张保仔是清朝嘉庆年间的著名海盗，一生充满传奇经历，他与其他海盗不同，张保仔不欺压百姓，购买百姓物品加倍付钱，在他的势力范围内（珠江入海口至香港屿山一带海域），张保仔多次抢劫官船、外国商船，为此葡萄牙等海上霸权国家，多次想灭掉张保仔这股海盗。

张保仔极具军事才能，善于将散勇游寇的海盗拧成一股绳，在张保仔的指挥下，海盗们不仅粉碎了清政府的多次围剿，连强大的葡萄牙军舰也被其歼灭。张保仔威名远播，其势力巅峰时，拥有10万余人，各种船只2000余艘。应该说，香港近代的繁荣的开端与张保仔有关，正是他使香港的人口越来越多，这些事迹使张保仔成为中国的"海盗王"。

盛名之下，人们更加关注张保仔的财富，张保仔横行海洋多年，强大的财力让他傲视群雄。张保仔到底有多少钱，恐怕谁也说不清！不过有一点可以肯定，海盗都会将拼命得到的财富藏在秘密的地方。

张保仔有两个基地，一处是当时较为荒凉的香港，另一处为广东台山的上川岛。在香港至今仍有"张保仔藏宝洞"，很多上年纪的香港人都肯定地说，在香港肯定还有张保仔的宝藏，只不过不知道藏在何处。当然，已经探知的"藏宝洞"的

❖ 张保仔藏宝洞

张保仔在香港是家喻户晓的人物，有"侠盗"之称，张保仔少年时期被海盗掳走，从此成为海盗，依靠过人的智慧和胆识，约束部下，抢劫官船、商船。张保仔是让清朝和外国军舰最为头疼的海盗头目，但由于种种原因，张保仔后来投诚于清廷，并多次在剿灭其他海盗的战斗中立功。他虽想忠于清廷，可惜出身海盗，后半生并不得志，郁郁而终。

宝藏早已不在。不过另一处上川岛却让人深信，张保仔的宝藏一定埋藏在这里。

上川岛并非旅游圣地，岛上生活着少量的居民。如果你登上该岛，岛上的人会询问你："你是来寻找张保仔的宝藏吗？"当你莫名其妙的时候，这些居民还会向你推销"宝藏秘笈簿"，声称如果想找到张保仔的宝藏，必须拥有这本"秘笈"。

岛上的居民对寻宝者早已见怪不怪，在岛上乱石之中，有一块名为"榄仔"的石头，除了形似橄榄之外，还有一首诗："榄仔对蛾眉，十万九千四，月挂竹竿尾，两影相交地。"诗中"榄仔"对"蛾眉"十分引人注目，因为在乱石滩，不远的地方有一块名为"蛾眉"的石头静静地卧在草丛中。

几乎所有的探宝者都用这样的方法寻找宝藏，他们找来两根竹竿，分别竖立于榄仔石与蛾眉石处，当月亮升起，月光照在竹竿上形成影子，两根竹竿影子的相交处，就可能是宝藏的秘密埋藏地点。

◆ 上川岛

没有人知道应该用多长的竹竿，在哪一天的月光下使用这种方法。而所谓的"宝藏秘笈簿"，更让张保仔的宝藏显得神秘，让人琢磨不透，张保仔去世时，对宝藏的秘密也只字未提，他生前留下的巨额财富，成为谜团。

第三章

战争中消失的财富

　　地球上的第一场战争发生在什么时候，没人知道，但可以肯定的是一定是为了夺取对方的猎物或生活物资引起的。20世纪的两次世界大战也都是侵略国为了夺取更大的利益，更广阔的生存空间，而侵入他国挑起的。每一次战争结束，地球上减少的不仅是人口，还有大量的财富。当战火熄灭，硝烟散尽，多少财富被失败者隐藏起来，或永埋地下，或沉入海底，引起后人对这些宝藏无穷的遐想。

■ Part3 第三章

"红色处女军"的宝藏

> 捷克女王死后，普拉斯妲心灰意冷，不愿再为新国王服务，带领一队女兵占山为王，以打家劫舍为生。

公元 9 世纪初，一位巾帼英雄捷克女王利布施，建立了一支完全由女兵组成的皇家卫队，卫队长是在捷克历史上家喻户晓的普拉斯妲。这支卫队对女王忠心耿耿，普拉斯妲也与女王结下了深厚的感情。史料记载，普拉斯妲十分聪明，从小练就一身武艺，能熟练使用长矛和盾牌。她从小受过父亲的凌辱，对男人极端憎恨。

普拉斯坦占山为王后，维多福莱山附近许多的妇女纷纷上山投靠她，逐渐形成一支远近闻名的"红色处女军"。普拉斯妲曾多年跟随利布施女王，见多识广，颇有政治野心。她对各种金银财宝了如指掌，另外她本人也喜欢雍容华贵的生活。为了满足私欲，多年来她率领的女卫队抢劫了无数富豪，掠夺了许多贵族的城堡，积累了大量的财富。为了保险起见，她将所有的财宝秘密埋藏起来，除了少数几个亲信外谁也不知埋藏地在哪里。这些宝藏主要是多年来积累的金币、银币，以及女战士们的金银首

❖ 红色处女军

饰，数量极为庞大。

普拉斯姐和她的"红色处女军"远近闻名，新国王派了一个使臣前来招安，邀她回去继续担任宫廷卫队长。普拉斯姐断然拒绝，为了羞辱国王，她将使臣阉割后放了回去。她的怪诞行为虽然得罪了朝廷，但吸引了更多的追随者，更多女性抛家舍业加入到她的麾下，"红色处女军"进一步壮大。

使臣跑回布拉格，国王大怒，立刻派了大军前来征讨。指挥官根本没将这支女子军放在眼里，犯了轻敌的兵家大忌。等国王军队的士兵和女兵们一交手，很快被"红色处女军"打得落花流水，丢盔弃甲，指挥官也逃回布拉格，普拉斯姐俘虏了几十名国王军队的士兵。

国王大怒，亲自带领大军再次前来围剿。国王的军队凭借着人数上的优势，很快就将维多福莱山围得水泄不通，并逐渐缩小包围圈，杀死了100多名顽强抵抗的女兵。普拉斯姐听闻后，亲手扼死了几十个俘虏，并率领所有女兵和国王军队进行了殊死搏斗。最终，"红色处女军"寡不敌众，全部战死，没有一个投降、逃跑。普拉斯姐手握短剑，赤身裸体地与国王军队拼杀，直到流尽最后一滴血。

新国王早就听闻普拉斯姐抢劫了无数富豪和城堡，维多福莱山上有堆积如山的珍宝，早想据为己有。当剿灭了普拉斯姐和"红色处女军"后，国王迫不及待地钻进山洞。寻找传说中的宝藏。经过几个月的查找，几

❖ 布拉格城堡

乎将维多福莱山翻了个底朝天，也没找到普拉斯姐的宝藏，只得悻悻而归，留下1000多具女兵尸体。几年后，捷克王朝依附了东罗马帝国，几百年时间里，每朝每代的统治者都在惦记着这份宝藏，派了无数的寻宝者来寻找"红色处女军"的宝藏，但所有人都空手而归。

❖ 布拉格城堡

进入21世纪，来自世界各地的探宝者、垂涎普拉斯姐宝藏的探险家，怀揣着一夜暴富的梦想，不远万里来到捷克，一头钻进维多福莱山，企图寻找到宝藏的藏身地，结果依然如故。普拉斯姐到底把宝藏藏到了哪里，是否真的存在"红色处女军"的宝藏，抑或这些只不过是后人编造的美丽传说，人们无从得知，也许那些宝藏只属于那些战死的女兵们，将永远沉睡在维多福莱山下。

Part3 第三章

菲律宾藏宝 真假之谜

马科斯逃亡美国后，民选的阿基诺总统开始动用法律手段追查这位前总统。马科斯真的掌握了日本人的宝藏吗？

1 970 年，菲律宾人洛塞斯经过 8 个月的挖掘，在菲律宾北郊的一座山中挖出了无数尸骨，这些人都是背后中枪而死，显然是被人灭口的。随后洛塞斯又发现了一座 72 厘米高的金佛，重约 900 千克。金佛头部可以移开，腹内是空心，里面填满了钻石珠宝。洛塞斯何许人也？原来他是菲律宾寻宝协会主席，有半官方背景。他将金佛运到家，向亲朋们展示，并十分肯定地认为这就是"马来之虎"藏金的一部分，山中一定还有更多的藏宝。

"马来之虎"即山下奉文，是二战时日本第 25 集团军陆军司令，是一位凶悍狡诈的法西斯分子，曾带领日本侵略军蹂躏东南亚十多年。他搜刮了无数的金银财宝，作为孝敬日本天皇的贡品。1944 年，日本在太平洋战场上节节败退，海军空军接连遭受到美军毁灭性打击，驻东南亚日军面临灭顶之灾。为安全起见，山下奉文命菲律宾伪军将所有财宝都掩埋起来，然后枪杀了所有的知情者。山下奉文将藏宝图分为若干份，派亲信带回日本。1945 年初，山下奉文 15 万大军被麦克阿瑟剿灭，基本全军覆灭。1946 年，马来亚（今马来西亚）政府宣布判处山下奉文

◆ 山下奉文

绞刑，并立即执行。

洛塞斯的发现被马尼拉多家媒体报道，更有金融界人士估计仅这尊金佛市值就高达2600万美元，而其中的钻石珠宝更是价值连城。总统费迪角德马科斯得知这个消息后，密令司法部门以非法藏匿国宝罪将洛塞斯下狱，并没收金佛和珠宝。洛塞斯白忙活了一场，不仅没得到珍宝，还落得如此下场。而总统马科斯，一个电话就轻松地将金佛骗到手。

知识小链接

马科斯曾是一位律师，在马尼拉开着一家律师事务所。一天，两个工人来咨询业务，告雇主不支付酬金。马科斯调查后发现，雇主竟然是日本军官，他们掌握着山下奉文的藏金地。原来这两个人曾参与埋金行动，还偷走了藏宝图。从此，马科斯在这两个人的协助下开始寻宝，迅速成为超级富豪。

1971年，菲律宾司法部召开金佛听证会，电视台、电台向全国直播洛塞斯的陈述。这时，发生了恐怖的一幕，有人向会场扔了手榴弹，当场炸死9人，炸伤96人，洛塞斯则侥幸逃过一劫。后来的研究表明，这是总统马科斯暗示情报部门实施的一场阴谋，为的是炸死相关知情人员。马科斯身为总统，居然会做出这种事，其胆大妄为、阴险狡诈可见一斑。

洛塞斯被关押两年后，终于领略了马科斯的手段，再也不敢奢望要回金佛和珠宝，发表声明称再也不追究金佛下落了，这才被司法部门释放，重获自由身。洛塞斯出狱后立刻移民美国，躲开了马科斯的威胁。

14年后即1986年，菲律宾人民要求审判独裁者、前总统马科斯。马科斯举家逃亡美国，过海关时，被检查出携有大量的金银财宝，美国海关将其没收。同时，菲律宾司法部在搜查马科斯住宅时，发现了关于出售黄金的录音磁带。录音带详细记录了出售黄金的时间、重量、地点，而更多的黄金分别被安置在瑞士、伦敦、香港、美国和新加坡，总重达到让人吃惊的2000吨！

马科斯逃亡夏威夷时，曾接触过两名美国军

❖ 马科斯

❖ 山下奉文

火商，他要买导弹和重武器，以支持菲律宾境内的叛军。马科斯对军火商说，他知道菲律宾一个地方埋藏着 1000 吨的黄金，另有 10 亿美元的瑞士银行本票，这些能买足够多的军火。美国商人不敢接这笔生意，将这一信息透露给美国中央情报局，美国人又将此消息透露给菲律宾政府，以协助阿基诺政府调查独裁者。

人之将死其言也善，马科斯在弥留之际曾透露要立下遗嘱，将其私藏的价值 40 亿美元的黄金交还给菲律宾人民，可他还没来得及说出藏金地，人已昏迷不醒，最后一命呜呼。许多迹象表明，马科斯早已挖出了"马来之虎"埋下的藏金，并一直在使用这些财宝。根据菲律宾掌握的情报，还有更多的黄金未被挖出，而藏金地只有马科斯父子知道。进入 20 世纪 90 年代，关于藏宝是否真的存在或价值多少一直就有争议。有人说这些黄金和珠宝价值 1000 亿美元，有人说不止这些，也有人认为就算真的有藏金，价值不会超过 1 亿美元。是否真的存在这么一笔藏金，前总统马科斯巨额资产是否真的来自变卖黄金所得，藏宝地又在何方，这些都是困扰菲律宾政府的问题，也是留给世人的一个难解之谜。

■ Part3 第三章

韩国釜山海底宝藏之说

很多宝藏是后世人们推测出来的，即原本存在，后来却神秘失踪了，它们一定被埋藏起来，韩国釜山海军基地藏宝一说即属此类。

1894 年，日本和清政府爆发甲午海战，结果北洋水师败给日本海军，腐朽无能的清廷被迫签订《马关条约》，承认日本对朝鲜半岛拥有管辖权，日本开始了对朝鲜半岛长达半个世纪的殖民统治。

1931 年，日本出兵占领东北，将朝鲜半岛和中国东北三省连接起来。二战期间，日本在中国东北和朝鲜半岛疯狂掠夺，不仅夺取了许多战略资源，还劫掠了大量的金银财宝，几乎将东北和朝鲜半岛洗劫一空。

1940 年，日本在韩国釜山建立了一个秘密基地，表面上是日本海军潜艇基地，但经过研究发现，这里缺少潜艇出入港所需的必备条件，更像是临时建筑。据称，日本侵略者将掠夺而来的财宝全部存放于该基地，这些藏宝按市值计算，价值 50 多亿美元。

20 世纪 70 年代末，有媒体报道了此事，藏宝之说一经披露，立刻引起韩国民众广泛兴趣。人们迫切想拥有这笔财富，用以刺激新兴经济。

韩国《朝鲜日报》说，驻扎韩国釜山的是日本 122 特攻队，当时的司令曾留下 4 张神秘藏宝图，标注了藏宝所在地。《朝鲜日报》还推测，这批宝藏至少有几十吨的黄金，超过 150 吨的白银，还有数不清的钻石。

◆ 甲午战争被日军俘获的"镇远"号

釜山市位于朝鲜半岛东南部，是韩国第二大城市，著名的深水港，太平洋地区航运物流集散地，每年货物吞吐量位居世界第三。日本统治朝鲜时期，这里就是日本海军的栖息地，至今仍保留着许多防御工事。

战后，韩国军方接管了该潜艇基地，并在此基础上进行了大规模的改扩建。自从宝藏一说流传开后，釜山潜艇基地被推到风口浪尖上。有人猜测，总统朴正熙早已获知宝藏埋藏地，正在秘密挖掘。韩国军方浑身是嘴也解释不清楚此事，任由民间流传。1982年，军政府总统全斗焕迫于韩国舆论压力，同意向韩民间开放潜艇基地，许多民营公司还获得了开挖许可证。一个名叫郑舢泳的小企业主曾声称他在军营某处挖到了秘密通道，但军方立刻制止了他继续挖掘。人们普遍猜测，军方在刻意隐藏着什么秘密，或者是想把宝藏据为己有。但韩国一家媒体报道称郑舢泳其实得了"宝藏妄想症"，随便见个黑洞口也会认为里面有宝藏。但郑舢泳的家人认为这是军政府对他的污蔑，是为了不让人们相信他关于宝藏的言论，转移人们视线的拙劣伎俩。1992年，韩国通过立法宣布禁止普通民众进入潜艇基地，也不再允许有私人公司在该地区从事所谓的挖宝工作。

韩国军方曾多次宣称，釜山基地根本没有什么日本殖民时期的宝藏。但种种迹象表明，韩国军方在20世纪70年代末、80年代初的一系列怪异行为无法自圆其说，显示处处和地下宝藏有密切关系。是像民间流传那样有宝藏深藏釜山，还是真如军方所言，根本不存在宝藏，一切都像谜一样令人费解。

❖ 釜山风景

纳粹藏宝下落

二战期间，纳粹德国的铁蹄踏遍亚、非、欧三大洲，所到之处抢劫一空，战后这些财宝却下落不明，成为解不开的历史谜团。

毫无疑问，战争对世界有着巨大的破坏力。二战期间，纳粹元凶德国宣传部长戈培尔和空军元帅戈林曾向几百万德国侵略军下达指示："你们肩负着第三帝国的兴衰，所到之处一定要像忠实的猎鹰、猎犬一样为帝国追逐财富。你们眼里看到的一切财富都是帝国和人民需要的。"

在戈培尔思想的指导下，纳粹德国就像警犬一样在世界各地到处搜掠各种财富，黄金、白银、珠宝、钻石、有价证券、外汇、文物、艺术瑰宝等，都是纳粹抢掠的对象。纳粹德国每到一个国家，必先快速占领这个国家的中央银行，打开金库，控制住黄金和证券，然后用火车将黄金拉走。纳粹德国军官的素养普遍较高，对艺术作品有极高的鉴赏力，他们在抢夺金银珠宝的同时，常常将这个国家的博物馆、图书馆、王宫、古堡等地珍藏的各类艺术品洗劫一空，所有这些战利品被源源不断地送往柏林，作为献给纳粹头子的贡品。

纳粹德国在二战时期到底掠夺了多少财富，至今是个谜，因为没有人

❖ 戈培尔

能提供准确信息。美国一家财会事务所经过调查统计，推测出纳粹德国一共从占领国掠夺了超过价值 410 亿美元的金银和各类有价证券。410 亿听上去不算太多，但当时的黄金价格大约每盎司 30 美元，而现在每盎司 1600 美元，若按现在的金价计算，410 亿美元等于 2.3 万亿美元！这是一个足以震撼世界的天文数字。

这些财富都哪里去了？除了纳粹高官瓜分的一部分，更多的宝藏下落不明。有研究表明，纳粹德国在兵败前夕仓促将这些财富转移到各地。这些宝藏大致

❖ 戈林

分为 8 个部分：帝国元首希特勒地下金库、沙漠之狐隆美尔宝藏、凯瑟琳宝藏、墨索里尼宝藏、福斯湖潜艇宝藏、柏林银行宝藏、南太罗地下宝藏和瑞士海外秘密账户。这些只是有价的金银珠宝，更多的无价之宝若按艺术品拍卖，每件都价值连城。比如空军元帅戈林，他本身就是个收藏家，有很高的艺术品鉴别素养。当纳粹德军从前线运回战利品，他总要先从中挑选一些稀世珍品作为个人收藏，然后才交给接管部门。据悉，仅戈林的私家博物馆就藏有超过 5000 幅世界知名画家的艺术珍品，其中不乏拉斐尔、米开朗琪罗、莫奈、塞尚等艺术大师的真迹，任何一幅作品的价格都上亿美元。盟军在西线节节取胜，苏联在东线开始全面反攻，戈林意识到末日来临，坐上他的奔驰装甲汽车，一路向南狂奔，后面紧跟着载着无数财宝的卡车。其中，最后一批卡车被盟军截获，上面装载的全部是无价的艺

❖ 少年时戈培尔

术品，这些尚且是位于运载名单中的最后一批，属于不被重视的那种。

盟军占领默克斯后，接到总司令艾森豪威尔密令：一定要尽快找到纳粹遗留的财产，想尽一切办法阻止德军转移财富。盟军快速向柏林方向进攻，与此同时，柏林的纳粹开始垂死挣扎，作困兽之斗，把各类财富向南方转移。兵败如山倒，东线的纳粹德军在苏军猛烈进攻下迅速败退，许多军官做了逃兵，他们为保住财产也逃到南方，并将财宝运往阿尔卑

知识小链接

20世纪50年代初期，有位德国人在奥地利小城度假，他利用曾经被希特勒授勋的身份，巧妙打入纳粹残余组织内部，见到了这些人秘密守护的宝藏，以及世界各地的游客以度假为名，来这里寻宝最终被谋杀的故事。但很多人对这位德国人和他的经历持怀疑态度。

❖ 戈林

艾森豪威尔

斯，也有人早已将财富处理，存放到瑞士各大银行。最后的疯狂终于随着战争的落幕而平息。盟军和苏联红军相继占领柏林，希特勒和他的情妇在地下室自杀了，曾经不可一世的纳粹灰飞烟灭，成为历史名词。但当盟军和苏军清点纳粹银行和各大藏宝地时，发现财物所剩无几，没有任何资料能提供这些财富的下落。

1945 年底，世纪大审判在纽伦堡进行，一些罪大恶极的纳粹头目被判刑，受到严惩，但更多的纳粹军官则脱掉军服，隐名埋姓远遁海外，靠着战时掠夺而来的财富过着富裕奢华的生活。一些人猜测，更多的财富早已被纳粹转移出德国，用以新纳粹活动经费，妄图有朝一日卷土重来；也有人猜测，纳粹财富全部被运送到毗邻的瑞士，瑞士今天的金融业如此发达，一定受到了纳粹军官的庇护，为他们转移财富而发了大财。欧洲人纷纷指责瑞士在二战时扮演了极不光彩的角色，要求彻查纳粹在瑞士各大银行的财富，但瑞士政府以保护客户隐私为名拒绝了这一要求。

艾森豪威尔

纳粹财富仍有许多谜团，随着时间的推移，世人或许将永远不会完全了解其中的秘密，只能根据很有限的信息推测纳粹巨额财富的下落。

Part3 第三章

默克斯矿井宝藏

二战后几十年过去了，但国际社会仍在争论：纳粹德国到底掠夺了多少财富，这些财富价值几何，到底是否存在支持纳粹复兴的藏金。

1945 年 3 月，名将巴顿率领的第三集团军渡过莱茵河，继续向东挺进。4 月 4 日，先头部队一路势如破竹，最先抵达德国图林根地区。为了确保后续部队的安全，盟军谍报组织在默克斯村附近盘问了一些为躲避战争来到此处的难民，所有人都提到了附近有一个矿井，那里前几个月一度出现过很多纳粹军官，有频繁而秘密的活动。谍报组织立刻将此信息上报盟军司令部，得到的命令是在该地区实行战时宵禁，严查出入的任何可疑人等。

这天傍晚，一辆在默克斯村执行宵禁任务的美军巡逻车看见前面有两名妇女行色匆匆，立刻停下对她们进行盘问。原来这两人是法国难民，有一个人即将临盆，她们一起去邻村找接生婆。这美军士兵是个热心肠，他想巡逻路径正好顺路，于是就将两人送到邻村。第二天返回时，吉普车路过一个矿井，美军士兵随口问了句这里是什么矿井，一名妇女说："那是一处藏金子的废旧矿井！"

美军士兵大惊，立刻报告给驻地的指挥官拉塞尔，拉塞尔中校获知消息后立刻前往那个矿井，询问当地难民，最终确定

❖ 巴顿

南美洲曾是纳粹残余分子的避难地，而且战后南美国家的黄金储备的确大幅增长，但所有这些也不足以和纳粹拥有的巨量黄金相比。纳粹德国巨量黄金究竟哪里去了，史学界经过多年研究认为，纳粹德国的确将它们分批藏匿起来了，只有极少的被发现，或进入流通领域，然而这些仅是纳粹财富的冰山一角。

这里是纳粹德军的藏宝地！通过走访，拉塞尔还找到一位名叫保罗莱夫的博士，他曾是纳粹德国国家博物馆负责人，正是他在负责监管矿井中的艺术品。拉塞尔接着盘问了其他看守矿井的官员，进一步确信这里是纳粹藏宝地之一。被俘的官员向拉塞尔交代说，纳粹德国央行早在 3 年前就开始把部分黄金储备转移到这里，另外还有大量党卫军存在银行的几十个宝箱，里面有外汇、黄金还有无数的艺术品。这里先后运来 70 多批财物，最近的一批是 3 月 21 日运来的，是德国各大城市的美术馆和博物馆的艺术藏品。纳粹德军曾计划把宝藏转移到阿尔卑斯地区，但没想到盟军挺进太快，还没来得及找到火车和车辆，盟军的先遣部队就已经到了这里。

拉塞尔中校意识到此事重大，不敢懈怠，立即命令盟军在矿井入口处布下铁丝网和高压电网，禁止任何人进入，同时调令一个坦克营前来协助保卫工作。晚上，美军又发现了 5 个矿井入口，分布地区相隔甚远，拉塞尔的士兵人数显然不够担当警戒任务，上峰又调来一个营和一个团增援。

4 月 7 日，矿井的所有出口都有美军把守。上午，美军在莱夫博士的带领下，进入了矿井。在地下 500 多米的隧道里发现了 550 个堆放整齐的麻袋，里面装满了德国马克钞票。隧道的末端是一堵近 1 米厚的墙，墙的中心是一扇十分沉重的不锈钢保险门。所有人都清楚，保险门的后面一定是惊天的财富。

拉塞尔上校命德国官员打开此门，但所有人都不知如何打开。美军也懒得去审问他们，直接用两磅的炸药炸开了墙体。

❖ 巴顿

❖ 艾森豪威尔（左）和巴顿

除了德国人垂头丧气的表情外，所有的美国人都惊诧得合不拢嘴，他们似乎进入了传说中的四十大盗藏宝山洞，里面堆满了成袋的金币，成箱的金条、金锭，各种黄金制品数不胜数，超过 15 个国家的银行金银币，十几袋古代金币，堆积如山的银锭，60 千克的白金，110 袋珠宝和钻石。美军士兵从没见过这么多财宝，瞪大了眼睛简直不敢相信眼前的一切。

在另外一个防潮密室里，他们发现了许多从欧洲抢来的艺术珍品，包括古籍、油画、古董、雕刻等，每一件都出自中世纪艺术巨匠之手。最让美军愤慨的是，纳粹分子极度残酷，黄金制品里居然有金牙，显然这些金牙是囚犯们在集中营里被折磨致死后，从其口中拔出来的。

一个星期后，这些财宝被运回法兰克福，存放于德国国家银行，仅仅运输这些宝藏就动用了数百辆卡车，这些宝藏将银行大厅堆得满满的。1946 年，这些金银全部被移交给各国中央银行，用以欧洲战后经济复苏。截止到 1954 年，以美国为首的盟军先后在欧洲找到数个纳粹宝藏，但都无法和默克斯矿井相比。

窥一斑见全豹，仅仅一个矿井，就藏了这么多宝藏，可见纳粹掠夺的财宝是多么庞大的财富，人们有理由相信，纳粹在穷途末路时一定隐匿、转移了更多财宝。默克斯矿井宝藏在纳粹所有宝藏中占多少比重，其他宝藏现在何处，这些财富如何划分，都是史学界、司法界、金融界谈论的话题。

❖ 莱茵河

Part3 第三章

隆美尔沙漠宝藏之谜

戈特里刚要下水探宝，这时收到一封信函："先生，在隆美尔宝藏一事上，已经有太多尸体，但愿你不是下一个。"

1941 年，隆美尔率领的纳粹德国远征军在北非大地所向披靡，连战连胜。纳粹德军在突尼斯、埃及、利比亚、摩洛哥等国洗劫了无数的教堂、寺院、清真寺和博物馆，屠杀了不计其数的阿拉伯酋长和部落首领。隆美尔狡黠、凶残，喜欢故布疑阵，惯用疑兵之计。几年内他声名大噪，数次以弱胜强，以少量德军对抗英美联军，让盟军吃了不少苦头，赢得了"沙漠之狐"的称号。1942 年，隆美尔升任陆军元帅，独撑纳粹北非军团。

1942 年 8 月，就在隆美尔刚刚升为陆军元帅后，英法两军成功登陆北非，和隆美尔面对面较量。面对数倍于自己的对手，隆美尔连战连败，不得不考虑从北非撤军。起初，他计划将这批从非洲掠夺而来的宝藏通过船舰运到意大利南部，但此时盟军已经掌握了地中海制海权和制空权，潜艇和快艇难以渡过浩瀚的地中海，只要发生一点差错，几十吨的珍宝将沉入海底。为了妥善处理这批不义之财，隆美尔不得不另辟蹊径。

"沙漠之狐"惯用声东击西的策略，

❖ 隆美尔

多年来屡试不爽，在处置这批宝藏方面，隆美尔决定故伎重施。1944 年夏，隆美尔组织了一支由十几艘大型快艇组成的编队装载着 90 个大箱子，乘着夜色横渡地中海；同时，另有一队车队在夜色掩护下悄然驶向撒哈拉沙漠腹地，而负责押送的正是隆美尔的心腹奈德曼上校。

黎明时分，纳粹德国的快艇已经到达法国南部科西嘉岛附近的浅海海域。这时，英国飞行员发现了纳粹德国的快艇，立刻组织空中力量予以拦截。同时海军也得到指令从海上阻击德国快艇。德军一看无法突围，关键时刻将所有箱子全部沉入海底。激战几分钟后，德国潜艇被击沉，几十人被击毙。当时没有定位仪，天刚蒙蒙亮，附近海域也没有参照物，飞行员根本辨不清所处位置，不能确定这些箱子沉入海底。20 世纪 50 年代曾有人仔细研究过，最终确定这批沉宝的地点应位于科西嘉岛南面

知识小链接

正所谓"人为财死，鸟为食亡"，隆美尔的宝藏吸引了世界各地的探宝者，许多人金银没找到反而莫名其妙地丢了性命。法国潜水员莫泽耶在酒吧喝醉后，对周围人说，他知道隆美尔的藏宝地，很快将公开这一惊天秘密。第三天，人们在郊外的小树林里发现了他的尸体，一年后，涉嫌谋杀莫泽耶的凶手也死在了那里。

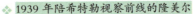
❖ 1939 年陪希特勒视察前线的隆美尔

❖ 隆美尔的葬礼

约 60 平方千米的海域。

此时此刻，卡车队伍也到达了一个名叫杜兹的沙漠小村庄。纳粹德军在这里高价购买了近 70 匹骆驼和数目庞大的牲畜，用这些牲畜和骆驼继续载着货物往沙漠里走，最终到达一个秘密地点，把所有的宝藏都埋在一个小沙丘下。在返回杜兹的路上，这支藏宝队伍被英军伏击，无一幸免。奈德曼还没来得及向隆美尔汇报，就带着藏宝的秘密去见了上帝。这批藏宝连隆美尔自己也不知道藏在何处。据称，埋在沙丘下的宝藏至少有 90 箱各种金制品和一

❖ 隆美尔手持元帅权杖的标准照

个装满钻石、珍宝的钢箱，总价不可估量。

以上是关于隆美尔藏宝过程最流行的两个版本，到底哪个更为可信，哪个是故布疑阵，半个世纪来一直困扰着各路探宝者。

在科西嘉岛浅海海域，自从隆美尔沉宝的说法流传开来后，吸引了一批又一批的冒险家前来。有前纳粹党卫军头目弗雷克，有坐过牢的潜水员莫泽耶，有世代盘踞科西嘉的黑手党，也有自称宝藏主人的新纳粹分子。几十年来，这片海域成为各路探宝者的集散地，居然带动起一个崭新的旅游项目——

❖ 隆美尔与妻子的合照

❖ 隆美尔的墓地

潜水。

　　令人费解的是，许多觊觎这份沉宝的冒险家无一不莫名其妙地死亡，而各国警方却没有找到任何关于谋杀案的线索。1963年，一位名叫戈特里的伊朗人调查了这批沉宝后，胸有成竹地开始实施打捞，刚要行动，他收到了一封信：戈特里惊骇，再也不敢染指沉宝。

　　至于沙漠中的宝藏，虽然无数人垂涎这份财富，但撒哈拉沙漠广袤无垠，几百平方千米的藏宝区有沙丘不下上万个，另外经过这么多年的吹拂，沙丘早已移动换位，找到那批宝藏又谈何容易。若隆美尔真的将宝藏埋在沙漠里，估计将永无重见天日之时。

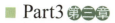

Part3 第三章

美军与德国宝藏

当美军官兵们进入贝希特斯加登时，立刻被纳粹高官们的藏品所震惊，士兵们毫不客气地开始各拿所需。

1945 年，盟军从西线向东挺进，苏军从东线进攻柏林。艾森豪威尔看到了党卫军的凶悍和殊死搏斗的勇气，为了减少不必要的伤亡，终止了进攻柏林的计划，任由苏联人去占领。苏联在付出了惨重代价后，占领并控制了德国首都，从各大博物馆和纳粹高官的别墅里搜出了许多珍贵美术品，这些战利品被苏军运回莫斯科和圣彼得堡，出现在埃尔米塔什国家博物馆和普希金博物馆。

二战后，德国被分为民主德国和联邦德国两部分，分别属于两个阵营，民主德国属于华约，联邦德国属于北约。冷战时，以美国为首的北约批评苏联趁火打劫，攻克柏林后肆意抢夺，疯狂破坏，在战争后期扮演了极不光彩的角色，应该为德国丢失的珍宝和无数的艺术品负责。苏联解体后，人们的确在各大城市的博物馆和艺术品中心见到大量的艺术品，这些均是战时从纳粹德国

◆ 艾森豪威尔

缴获的，苏军在见到这些稀世珍品后的确没有客气，顺手牵羊地把这些战利品带回苏联，美国人没有冤枉苏联人。

美国人在批评苏联人的同时忘了检讨自己，他们也是不干净的：美军也从纳粹德国缴获了大量珍宝，其中大多数是纳粹高官的私藏物品，都是从各国掠夺而来的。战后美军并没有将这些珍宝归还给受害国，而是据为己有，在道德层面也扮演了不光彩的角色。

❖ 艾森豪威尔

美军虽然没有攻入柏林，但却攻克了贝希特斯加登镇，这里是纳粹高层们的行宫所在，在不到 1 平方千米的面积里矗立着几百座豪华别墅，每一座别墅里都塞满了各类珍宝，包括名贵银器、油画真迹、金质雕塑，以及各种中世纪的古籍。

1945 年 4 月 21 日，美军第 101 空降师攻入贝希特斯加登小镇，所有官兵们立刻被这里设计精美、装饰豪华的别墅所吸引，更令人震惊的是别墅下面的地窖。每一座别墅的地窖里都堆满了各种名贵的油画、钟表、古金币、珍珠和钻石，这些属于纳粹高官们的私人藏品，都是来自前方部队的掠夺和抢劫。官兵们身处地窖，犹如置身于阿拉丁宝库，清醒过来的美军们面对这么多的宝藏没有客气，毫不犹豫地将地窖洗劫而空，小物件珍宝被藏在身上，大物件的珍宝快速搬出来，用

知识小链接

贝希特斯加登是德国巴伐利亚州的一个小镇，位于阿尔卑斯山下。这里山清水秀，风光旖旎，有著名的国王湖和瓦茨曼山。希特勒未发迹时曾在这里小住，并写下了《我的奋斗》一书，同时也深深地喜欢上了这里的湖光山色。希特勒上台后，决定在这里修建别墅，最著名的"鹰巢"别墅相当于元首行宫。

床单一包，写上地址交给后勤处，由后勤部门将包裹邮寄回国。有位名叫怀特的中校，他在"鹰巢"抢了400多件银器和水晶餐具，装了满满一大箱，邮寄回美国，收件人是他的妻子。后来才得知，这些物品是"帝国元首"希特勒的专用物品，这位中校大发了一笔横财。

❖ 普希金博物馆

美国大兵们的疯狂搜刮引起当地人民的强烈反感：刚赶跑纳粹党，怎么又来了贪财者，美国人不像解放者，更像侵略者。经过当地居民举报，美国政府即时制止了军中的抢劫行为，许多贪婪的掠夺者受到军事法庭的询问，并责令他们交出珍宝。

直到1990年，美国在德国的所作所为才被媒体渐渐披露出来，消息一

❖ 艾森豪威尔

出，舆论哗然，德国开始向美国追讨被抢走的财富，主要涉及到一些下落不明的艺术品和工艺品。由于时间太长，当初参与抢掠的官兵们早已销声匿迹，无数的纳粹珍宝被美国大兵带回美国，有的藏于普通民众家里，有的进入黑市拍卖，更多的珍宝早已被人们遗忘。

Part3 第三章

日军宝藏知多少

> 日本的铁蹄踏遍整个东亚、东南亚，军国主义者们所到之处，烧杀抢夺，掠夺了惊人的财富。

日本在二战时采用的策略是以战养战，即依靠从占领区掠夺物资和财富以资助战争。在此思想指导下，日本帝国主义在掠夺财富上比纳粹德国更加疯狂，在人类战争史上都是空前绝后的。日本劫掠的东亚地区包括朝鲜、中国，东南亚地区有印度尼西亚、泰国、缅甸、菲律宾、马来亚和文莱等国，抢夺的对象主要是各国政府、中央银行、教堂、大公司企业、寺庙和垮台的政府，以及各种恶势力犯罪集团。所涉范围之广，所涉国家之多，所用手段之惨烈都是触目惊心的。

德国纳粹曾经专门成立了一个特别组织来接受、管理从占领国掠夺回来的各类财富，成员大多是狂热的青年党卫军。日本法西斯同样也有此类性质的秘密组织——山百合会。这个臭名昭著的组织是由裕仁天皇亲自命名并组建，由他的兄弟，两名亲王负责该组织的管理，有特权接受、处理任何一批从作战前方抢劫回来的财富。

1940年，日本海军相继占领了菲律宾、马来亚、东印度群岛等地区，从那里掠夺了数量巨大的各类珍宝，包括上百吨的黄金、各类文物和艺术珍品。为了妥善管理这批战利

❖ 1919 年 18 岁的裕仁

知识小链接

"山百合会"是日本皇族领导管理，由日本军方实施的秘密组织，它惯用的伎俩是挖好藏宝地后再残忍地杀掉知情人。战后，该组织用掠夺来的巨额黄金向麦克阿瑟行贿，千方百计地保留住了天皇职务。据悉，行贿黄金大多数被麦克阿瑟的儿子笑纳，另一位美国前总统胡佛也接收了该组织超过 7.5 吨的黄金。

品，裕仁天皇任命自己的亲弟弟秩父宫雍仁为"山百合会"组长，负责东南亚地区的珍宝管理。这些珍宝数量太大，以至于秩父宫雍仁不得不多次使用日本海军的舰船往东京运输。这些战利品被运到了哪里，至今仍是个谜，因为战后不久秩父宫雍仁就神秘地死了，日本历届政府都把藏宝责任推在他身上，以造成死无对证的事实。

1941 年，珍珠港事件爆发，日美开始在太平洋上决战。随着美国海军的加入，日本海军舰船第一次感觉到威胁，再也不敢在太平洋西部耀武扬威地航行。为了确保运输珍宝的舰船不被美国海军击沉，秩父宫雍仁只得将"山百合会"总部往回收缩，从新加坡半岛移到离日本更近的吕宋岛。这里是日本海军和陆军基地，有强大的防空系统和海军护卫。1943 年，日本和美国在菲律宾以东洋面进行殊死搏斗，秩父宫雍仁为安全起见，决定暂时不把这些珍宝运回东京，而把它们登记造册，埋在地窖、山洞和隧道里。他这么做是经过深思熟虑的，日本妄想未来在和美国签订停战合约时，让美国承认日本对菲律宾和东南亚的殖民统治。到那时，日本可以光明正大地将这些珍宝运回本土。

秩父宫雍仁太高看日本海军、空军了，也低估了世界人民反法西斯的坚定决心，随着两颗原子弹在日本广岛和长崎爆炸，日本穷途末路，不得不接受无条件投降，被迫从东南亚和菲律宾撤军。秩父宫雍仁只得再次将部分藏匿的宝藏挖出，装在"天

❖ 麦克阿瑟

❖ 秩父宫雍仁

应丸"号上秘密运回日本横须贺港。秩父宫雍仁为了销毁证据，他命令将该船炸沉，造成宝藏沉海的假象。但日本所有这些下作伎俩没有逃过世人的眼睛，种种迹象表明，美海军没有击沉"天应丸"号，珍宝也没有沉海。

1945 年初，有多艘日本舰艇在西太平洋沉没，日本政府的史料称这些船只均是被美国海军鱼雷击沉的，但越来越多的证据表明，这些舰船更多的是被穷途末路的日本海军自己炸沉的，甚至有些船上的船员被全部灭口，日军这些丧尽天良的行为就是为了使这些宝藏战后永远不可能被追讨。据称，菲律宾前总统马科斯曾在 20 世纪 70 年代组织过打捞黄金行动，并从部分沉船上获得了大量黄金和珠宝。

部分被运回日本的珍宝被"山百合会"组织秘密埋藏于各地，后世人们猜测埋藏地位于长野县的群山里，也有部分被埋藏大阪一带的废弃矿井里。

以天皇为首的日本帝国主义曾对亚洲人民犯下了滔天罪行，战后美国出于冷战的需要，并没有对日本法西斯余党进行彻底清算，为现在军国主义复活埋下了隐患。

❖ 秩父宫雍仁雕像

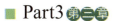

Part3 第三章

瑞士接管纳粹财富

保安员梅利在夜间巡逻时，无意间发现了地下室里大量等待销毁的二战时文件，正是这些旧文件让瑞士国家声誉扫地。

当纳粹德国的钢铁战车肆虐欧洲，被占领国人民生活于水深火热，备受茶毒时，有一个国家毗邻德国，却丝毫无损，反而大发战争财，日子一度过得无比滋润，这个国家就是自称为"永远的中立国"的——瑞士。

根据瑞士《中立国宪法》，联邦政府战时拥有专断权，可以不受和平时期的宪法束缚，无限制地同交战各国进行贸易和金融业务。瑞士北面有德国，西面有法国，南面有意大利，东面有奥地利，连出海口也没有。瑞士国土狭小，国内资源贫乏，各类战略物资严重依赖进口。比如法国沦陷后，瑞士不得不从纳粹德国进口煤炭。德国和瑞士之间的贸易方式十分奇特，德国在瑞士银行开设户头，将巨量的外汇和黄金存入瑞士银行。除了煤炭，德、瑞两国之间贸易涉及所有领域，许多都是战略精密仪器。

瑞士曾骄傲地宣称：二战时德国唯独不敢侵略瑞

❖ 瑞士

纳粹德国

士，是因为瑞士国民人人皆兵，能迅速组织超过百万的国防军，可以抵挡任何强大敌人的进攻，德国如对瑞士侵略将得不偿失。真相果真如此吗？纳粹德国在欧洲疯狂掠夺，抢夺了大量的黄金和各种珍宝。如何管理这些财宝，以便未来可以自由使用，成了令纳粹高官们头疼的问题。瑞士永久中立国的地位显然是德国所需要的，加上瑞士银行和金融业发达，信誉度高，自然成了纳粹转移财富的最佳地点。为了方便运输，纳粹德国特意加固了通往瑞士的火车，并沿途派重兵把守，以保持铁路畅通，满载黄金和珍宝的列车源源不断地驶往瑞士，纷纷进入瑞士各大银行和金融机构的地下金库。

据战后的调查评估，瑞士在二战时接受了纳粹数量惊人的财富，这些财产纷纷进入瑞士企业，换成公司股份，成为隐形资产。这些企业几乎涉及瑞士所有经济领域：铁路、纺织、保险、机械制造、金融、化工、精密仪器等。这些财富价值多少？因为缺少原始档案，相关调查没给出具体数字，但美国财政部估算

知识小链接

瑞士银行旧文件被曝光后，再次引起世人对瑞士的谴责：瑞士不仅二战时做了不光彩的事，成为纳粹帮凶，战后也从没公开道歉，更没有从中反省，反而欺骗整个世界。如今，瑞士国民依然躺在纳粹德国的黄金铺就的床上，享受着天堂似的生活。

约为 5 亿美元，按购买力折算等同于现在 1700 亿美元。这些仅仅是黄金、钻石、珠宝等有形珍宝的折算价，不包括数量庞大的各类艺术品和文物。英国曾对瑞士一家银行的地下保险库里的 53 幅名画进行估价，每幅都在 1 万美元以上，时隔 60 多年，这些名画均已超过几千万美元。53

❀ 纳粹德国国旗

幅名画仅仅是一间地下室的藏品，瑞士银行繁多，地下保险库更是数不胜数，藏品共计多少恐怕只有瑞士政府最清楚。

二战以后，美、苏、英三国曾签署《波兹坦公告》，宣称盟军有权对德国遗产进行管理，将对德国现有资产和海外财产采取措施，公告同时要求相关国家交还纳粹掠夺而来的财产，这一规定显然是指向瑞士和瑞典。两国政府狡辩称：盟军这一做法违反本国法律，因为各大银行有权保护客户隐私和账户信息。瑞典和瑞士表面上愿意和盟军合作，但阳奉阴违，连续几个月毫无进展。美国很恼火，威胁要对瑞士进行制裁，冻结瑞士各大银行在美国的业务。这一招很管用，瑞士立刻有所表示，但提出了许多附带条件，如德国遗产中一半归瑞士所有。经过讨价还价，瑞士交还价值 7500 万美元的黄金，声称这是纳粹所有账户总值。

半个世纪过去了，瑞士金融大佬们的良心依然被蒙蔽着，口口声声说各大银行并没有接受纳粹德国的存款和黄金。然而，1997 年初发生的一件事让自

❀ 瑞士联合银行

❖ 瑞士联合银行标志

称"永远中立"的瑞士声名扫地。瑞士联合银行的保安梅利在夜间巡逻时，进入了银行的地下室，在那里他发现了许多标有"立刻烧毁"字样的旧文件和银行本票。梅利立刻意识到这些旧文件事关重大，从中挑了几本账簿后匆忙离开。几天后，梅利再去地下室时，那些文件已经不见了，显然已经被秘密销毁。梅利将账本和文件交给一个犹太人组织。这些文件很快被公开，里面详细记录着瑞士各大银行和纳粹德国的私下交易信息。瑞士政府没有调查本国银行，反而谴责正直的梅利，还要以违反《瑞士银行保密法》起诉他。瑞士的做法立刻引起欧盟、美国、以色列，甚至是德国的愤怒，纷纷谴责瑞士政府和瑞士银行。梅利被迫逃亡美国，克林顿总统允许梅利一家永久居住在美国。

这些文件所反映的不过是纳粹和瑞士龌龊交易的冰山一角，但意义重大，是瑞士在二战时大发战争财的铁证。

❖ 瑞士

Part3 第三章

纳粹藏宝葡萄牙

> 在接手纳粹黄金方面，葡萄牙可谓绞尽脑汁，不惜辗转第三方，通过一系列烦琐交易将黄金存入本国设在瑞士银行的账户。

有证据表明，二战期间，纳粹德国将部分抢来的财富转移到葡萄牙和西班牙。早在西班牙内战期间，葡萄牙政府就站在了希特勒一边。当时在葡萄牙执政的是独裁者萨拉查，他暗中支持同样是独裁者的佛朗哥，帮助希特勒向西班牙提供武器，发动国内志愿者协助佛朗哥镇压国内反对派。

纳粹德国一直从葡萄牙进口钨砂，这种矿石能提炼钨和锰等金属，是各类枪支、坦克、装甲车和自行榴弹炮的制造材料，属于战略物资。1944年，美国鉴于葡萄牙政治上支持纳粹的事实，决定对其采取制裁措施。葡萄牙需要从美国进口石油，在美国也有很多资产，迫于压力，葡萄牙不得不终止和纳粹德国的贸易。1945年，葡萄牙见纳粹德国军团战场失利，见风使舵，为了讨好盟军，冻结了纳粹德国在葡萄牙的资产，包括纳粹德国驻葡萄牙机构。二战结束后，面对国际社会的质询，德国昔日的盟友葡萄牙一口咬定在1938~1945年期间，从没接收过纳粹黄金。但盟国在查封纳粹德国驻葡萄牙使馆时，从中发现了大量的金币和许多金条。葡萄牙声称这只是个例，属于公使的个人行为，并不能证明葡萄牙接手了纳粹德国的财富。

盟国经过调查掌握了真实情况：葡萄

知识小链接

萨拉查1932年开始担任葡萄牙总理，一直到1968年去世，执政时间长达36年。1933年，他通过了一部反动宪法，对内实行法西斯独裁统治，对外剥削、掠夺附属殖民地，镇压非洲反殖民解放运动。二战时，葡萄牙采取依附轴心国策略，战后受到国际制裁。

牙没有直接从纳粹德国人手里拿到黄金，而是通过第三方转到葡萄牙政府设在瑞士银行的户头上。据悉，这批财富包括 1.44 亿美元的黄金，部分金砖上印有他国银行戳记，这些黄金有 70% 是纳粹掠夺的赃物。"德国战后管委会"提议葡萄牙归还部分黄金，但葡萄牙政府最终只交还了不到 1/10 的黄金。

　　葡萄牙在接手纳粹黄金方面可谓费尽心思、机关算尽。葡萄牙国家银行一方面觊觎数量庞大的纳粹黄金，一方面又担心这些不义之财将招致国际社会批评，一旦纳粹德国兵败，葡萄牙将备受谴责，偷鸡不成反要蚀把米。因此，为掩人耳目，葡萄牙国家银行负

❖ 1936 年时的弗朗西斯科·佛朗哥

❖ 佛朗哥的葬礼

❖ 希特勒油画像

责人在与瑞士联邦银行联系时建议：葡萄牙银行不直接从纳粹手里接手黄金，但可以通过瑞士银行中转，使那些黄金转移到葡银行账户上，实现交易合法化。

从 1942 年开始，纳粹德国开始将黄金以交易价卖给瑞士方面，换成瑞士法郎，然后再将现金存入葡萄牙设在瑞士银行的账户，然后再用洗"干净"的现金购买瑞士的黄金。这一过程十分烦琐，但两国心照不宣，

乐此不疲。俗话说"要想人不知，除非己莫为"，两国如此交易看似天衣无缝，毫无破绽，但没能瞒过世人的眼睛，盟国战后依然拿出了一份报告，揭示了葡、德两国之间的交易。除葡萄牙银行外，还有许多民间人士接手了这批黄金，由于纳粹倒台，这些财富成了无主之宝，葡萄牙拥有了这份财富。纳粹德国 7 年间用此伎俩向葡萄牙转移了多少财富，这些黄金下落如何，只有等到瑞士方面的解密，世人才能得知。

❖ 希特勒

Part3 第三章

纳粹藏宝西班牙

西班牙独裁者佛朗哥是著名的投机分子，见风使舵，看到昔日强大的纳粹德国接连败退，不得不改变外交策略。

"小人喻于利"，这句话用在佛朗哥身上再恰当不过了。他是位著名的政治投机分子，典型的"墙头草"，惯会见风使舵、趋名逐利。西班牙内战期间，佛朗哥为镇压国内反独裁运动，需要大量武器，这时，臭味相投的希特勒和墨索里尼立刻伸出"援助之手"，向佛朗哥政权提供了大量的武器装备，成功保住了佛朗哥的独裁统治。20世纪40年代初，欧洲阴云密布，大战一触即发，佛朗哥也想学瑞士，自称中立国，力图避免这场大战祸及自身，只作壁上观。战事之初，德军席卷欧洲大地，佛朗哥立刻旗帜鲜明地支持纳粹事业，并派遣4万"蓝衣军团"前往苏德战场对苏联作战；战争结束前，佛朗哥见纳粹日薄西山，很快就要倒台，立刻站出来谴责希特勒，与之划清界限。

二战期间，德国曾向西班牙购买了大量的钨砂和锰铁矿石，用以制造各种威力巨大的武器，包括坦克、装甲车和榴弹炮。西班牙坐地起价，把矿石价格提高几倍。德国用抢夺犹太人的钱和从其他被占领国家掠夺而来的黄金支付矿石款。西班牙表面上是中立国，实则大发战争财，充当了纳粹帮凶。

❖ 希特勒

知识小链接

二战时，纳粹德国几乎占领了整个欧洲，但有几个国家却秋毫无损，它们分别是瑞士、丹麦、瑞典、葡萄牙和西班牙。对于德国为什么不进攻这几个国家，史学界有不同看法，有的赞成"人种"说，这些国家大多数人是日耳曼民族；有的赞同"战略需求"说，因为希特勒认为没必要占领。

在西班牙北部山区，有一个被废弃的火车站，这里曾是纳粹德国向西班牙和葡萄牙运送黄金的主要通道。有资料显示，1942~1944年间，有超过180吨的黄金通过该站，至少有一半的黄金留在了西班牙，另一半继续前行送到葡萄牙。这些数字仅仅是被披露的，更多的则永远湮灭于历史尘埃中。佛朗哥政府曾多次信誓旦旦宣称，二战期间西班牙没有接收过纳粹黄金——至少是官方没有过，但也许民间人士、不法财团、利欲熏心的金融机构接收了这些钱，但这属于非法黄金交易。

❖ 希特勒

国际社会显然不相信西班牙政府的表态，尤其是不相信投机分子佛朗哥的话。根据20世纪40年代德意志银行的交易记录和瑞士银行负责人的陈述，以及盟国对纳粹德国驻外公司的调查，西班牙通过瑞士银行接收了价值1.4亿美元的纳粹黄金，而更多的交易记录则被相关银行销毁，无从查起。1946年，盟国开始和西班牙谈判，要求西班牙政府归还纳粹黄金。谈判持续了16个月，西班牙勉强答应归还价值11.4万美元的黄金，这显然和盟国的要求相差甚远。作为条件，佛朗哥要求盟国在媒体上发表声明"西班牙不知这些黄金属非法财产，也是二战受害者"，这一滑稽表态无异于"此地无银三百两"。

"黑珍珠"湖底藏宝之谜

二战后期，第三帝国覆灭在即，纳粹分子如临末日，慌忙将战时劫掠的财富隐藏起来，引发后世无尽的猜测与追逐。

距离奥地利萨尔茨堡60千米处有片松林茂密、怪石嶙峋的山区，这里人迹罕至，但风景极佳。当地有个很不起眼的湖泊，该湖长2000余米，宽400米，最深处103米，被称为"黑珍珠"。这个名叫托普里塞的湖泊50年来流传着各种令人惊悚的传闻，无数探宝者和旅行家莫名其妙地死在这里，许多人只是因为好奇爬上山看一看，也会命丧该地区。

1945年5月，一个奥地利渔夫驾着小舟在湖上钓鱼，忽然看见湖面上飘着一张花花绿绿的纸片，捞上来一看，竟然是纸币，但不知是哪国的钞票。渔夫不识英文，也弄不清这是一张什么纸币，只好把它整理好揣在怀里。第二天，渔夫把这张已经晾干了的纸币拿到附近小镇上的一家银行，银行职员只是看了一眼就兑换给他相当多数目的奥地利钱币，原来是一张大面额的英镑！

渔夫大喜过望，每天跑到湖边继续寻找那种钱币，又相继发现了许多英镑，他在同一家银行兑换了许多奥地利先令，一周之内暴富。终于有一天，当他再次来到银行兑换纸币时被两个军官拦住。

❖ 萨尔茨堡

这两名军官是美国人，正在调查纳粹德国假英镑案，不料在奥地利小镇发现线索。通过审问，盟国得知了托普里塞湖的秘密，此消息不胫而走，迅速流传开来：托普里塞湖底有纳粹德国从各国掠夺来的黄金！

❖ 纳粹德国宝藏

1940 年，纳粹德国轰炸伦敦。每次轰炸机来袭，英国立刻响起防空警报，市民纷纷躲入防空洞。凶残的德国纳粹为了炸死更多英国人，袭击之前先投放大量的英镑，英国人看见后会钻出防空洞，冒着危险上街捡钱，飞行员乘机扔下炸弹。德国纳粹真的如此阔绰吗？当然不是，这些英镑是德国纳粹假造的。1939 年末，德国党卫军成立了一个秘密行动小组，代号"F4"，其主要职责就是印制假证件和假币。为了达到逼真效果，F4 小组找来顶级的雕刻师制作底板，杰出的数学家计算钱币编码顺序，远赴土耳其购买最好的材料。英镑有 156 个防伪标志，这些人都精准地仿制出来。1940 年 8 月，第一批假钞被送到柏林。为检验假币的仿真度，德国特务专门提着一箱假币来到瑞士银行，指明这些钱是从黑市上购买的，让专家检验一下是否是真币。这些假钞居然瞒过了瑞士顶级鉴定师的眼睛，也通过了所有的验钞设备。纳粹大喜过望，立刻开足马力制造假币，仅在一个集中营就制造了近 2 亿英镑的假钞。

1945 年 1 月，德国在两个战场上节节败退，财政部长向希特勒建议将国家黄金储备疏散，以免落入盟军之手，希特勒批准该计划，由党卫军秘密实施。1 月 31 日夜，满载白银、白金、黄金、外币、证券和德国马克

知识小链接

1999 年，美国一个名叫欧文斯的电视制片人听说湖底沉宝的故事后，找到了深海探测公司，该公司曾成功打捞过"泰坦尼克"号沉船。其技术人员利用最先进潜水机器人搜了一个星期，除了捞到一些假币外，一无所获。最终，欧文斯将这次打捞过程拍成纪录片，卖给电视台，大赚了一笔。

❖ 希特勒

的一列火车从柏林出发，向南驶向奥地利境内。这列火车最终停在了哪里，那24节车厢又被如何处置，再也没有了任何消息，那些宝藏似乎一夜之间人间蒸发了。

托普里塞湖发现假英镑的情报被传到盟军司令部后，立刻引起英美高层的高度关注，盟军派出一支部队火速赶往奥地利境内，试图找到纳粹沉宝，他们认为也许那消失的24节车厢也在湖底。当时潜水技术有限，无法深入到100米以下的湖底，但盟军使用的金属探测仪却探测到了湖底有大量金属。

战后，相继有无数寻宝者来到托普里塞湖，或潜水，或探测，或打捞，皆一无所获。但附近却经常有人从河里捡到金币和各种珍宝。50年来，这里相继发生过数十起离奇谋杀案，每一个被杀对象都曾觊觎、探寻过托普里塞湖，该湖因此也有"杀人湖"之称。20世纪80年代后，奥地利宣布没有政府特许，禁止任何人在该湖潜水探宝，"杀人湖"藏宝事件才渐渐平息。

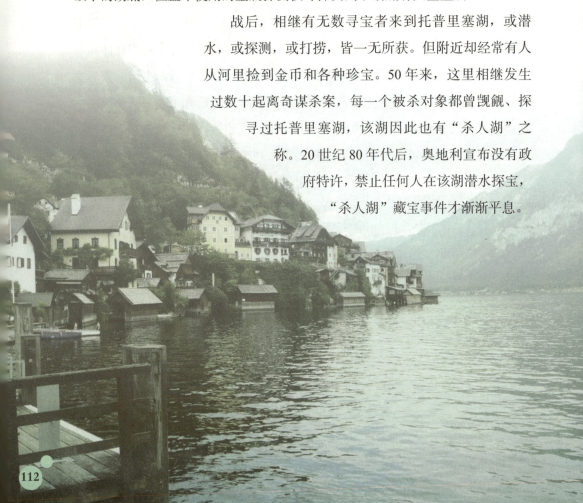

Part3 第三章

匈牙利黄金列车

苏联红军占领布达佩斯，箭十字党像丧家之犬，押着装满财宝的列车仓皇向西出逃，不料被迎面而来的美军截获。

希特勒在德国上台后，极大地刺激了各国狂热的种族主义者，他们纷纷以希特勒的奋斗经历为榜样，效仿他的励志传奇，成立政党，夺取国家政权，其中最有名的就是匈牙利的箭十字党。该党的前身原是20世纪30年代的匈牙利种族主义者团体，后来改名"国家希望党"，主要领导人是费伦茨，1939年改名为箭十字党，党徽和希特勒的"卐"字纳粹标志极为相似。该党奉行种族主义政策，目标是建立大匈牙利国家，支持率在25%左右，本身并没有执政资格，曾一度被取缔，禁止从事任何政治活动。但1944年纳粹德国侵入匈牙利，扶植箭十字党党魁为政府总理，在国内实行反犹太政策，实行法西斯统治。

箭十字党排挤犹太行动比希特勒更甚，疯狂地抢夺犹太资产和银行存款，没收他们的一切有形的、无形的财富。短短一年，就屠杀了匈牙利境内近80%的犹太人，达60多万人。箭十字党高官更是贪婪成性，将掠夺的财宝瓜分殆尽。1945年4月底，苏联红军直逼匈牙利首都布达佩斯，箭十字党高官们预感末日降临，纷纷将这批财富装

❖ 箭十字党标志

在 44 节火车厢内之后向西转移，避免落入苏联人之手。火车分为两批，第一批 24 节车厢驶入德国境内时，即被攻入德国的法军截获；第二批 20 个车厢刚驶出匈牙利境内，到达奥地利，即听到前面被美军占领的消息，押送火车的匈牙利士兵们毫不犹豫地弃车逃跑，只带走了货物清单。

美军很快赶到，惊奇地发现这一列火车空无一人，上面却装满了奇珍异宝、金银制品、名贵红酒等，无所不有。美军停止继续前进，开始瓜分财物。第 42 师师长柯林斯制止了士兵们的哄抢行为，将剩余的财物转运至萨尔斯堡的美军仓库。柯林斯是个极为虚伪、贪婪的家伙，他在制止美军行为同时，悄然摄取了数量庞大的财宝，还以美军司令部的名义列了索要财宝的清单，并将这些财富打包通过军方渠道寄回国内。

越来越多的盟军高级将领听说了萨尔斯堡的黄金列车，都向仓库保管者伸手索要财宝。一位将军简直把这个仓库当成自家储物室，索要了大到家具、地毯，小到银餐具、烛台等各种物品，装了满满 18 辆卡车，全部运回美国。后来，这些物品和美国军需物资搅合在一起，美国大兵们甚至公开向驻地居民兜售叫卖财物。同时，各类盗窃活动也十分猖獗，仓库接连丢失了几批黄金和金币，总重超过 700 千克，以及 32 箱金表和 1560 箱银餐具，上千件名画，以及无数的高级服装、集邮册、珍贵唱片、水晶吊灯、名贵裘皮等物品，种类繁多，

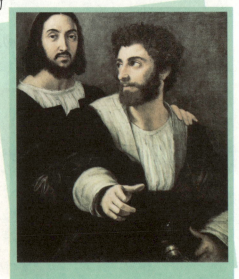

❖ 拉斐尔与友人

数不胜数。

1947年，该仓库曾向盟军管委会提交过一个清单，但该清单十分模糊，也不准确，隐藏了许多价值高昂的珍宝，只提供了一批价值相对低廉的物品。1947年底，美国调查人员清点艺术品时，发现仓库内的名画有1181幅，远不止清单登记的200幅。这些画作中不乏中世纪艺术巨匠的作品，包括伦勃朗、拉斐尔、米开朗琪罗等，件件价值连城，所幸窃贼不识货，没被盗走。

◆ 伦勃朗

根据盟军战时法律，所缴获的纳粹战利品必须归还原有物主，但这些匈牙利人的财宝早已被移交给了奥地利政府，美国甚至没有通知刚刚上台的匈牙利新政府。这也在情理之中，解放匈牙利的是苏联红军，苏联自然扶植了匈牙利共产党上台，美国显然不会将这些财富交给共产主义阵营。匈牙利犹太人社团于1945年就要求美国归还"黄金列车"，财政部长也多次去美国游说，但皆无功而返。1948年，美国将"黄金列车"部分财宝交由国际难民组织，在纽约举行拍卖，所得财物归难民筹委会支配。60多年来，匈牙利犹太人后裔从没放弃过追讨"黄金列车"财富，至今仍在和美国打官司。

Part3 第三章

科科岛上的宝藏

望着船上堆积如山的宝箱，"玛丽·迪尔"号船长汤普森贪欲炽烈，一个罪恶的计划悄然在脑海形成：他要据为己有。

自从哥伦布发现美洲大陆以来，南北美洲当地土著居民就遭到了灭顶之灾，尤其是南美洲的印第安人、玛雅人和印加人。1535年，印加帝国变成西班牙的殖民地，1821年，由南方解放者圣马丁领导的民族武装赶走侵略者，秘鲁独立，结束了西班牙长达286年的殖民统治。

1540年，殖民总督将印加帝国的首都从库斯科迁到小城市利马。因为利马临近里马克河，西班牙人迁都的目的仅仅是为了方便将掠夺而来的财宝装船运出。殖民者统治秘鲁期间，大肆屠杀印第安人和印加人，抢夺土著人的黄金首饰；拆毁庙宇，把几百年历史的黄金雕塑据为己有；把印加帝国的王宫毁掉，将里面的珍宝和金器洗劫一空……利马在很短时间内就成了黄金集散地，西班牙人源源不断地将战利品装船运回国内。

1821年，穷途末路的西班牙殖民者在起义军的包围下惊慌逃跑，临走时也不忘带上搜刮而来的珍宝，达官贵人想方设法利用一切机会将装有财宝的箱子运出去。然而西班牙海军26艘战舰早已被起义军击溃，无法救

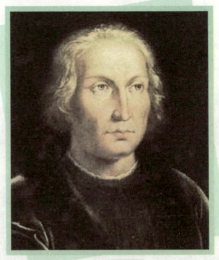

◈ 哥伦布

知识小链接

科科岛位于中美洲，太平洋东岸，距离哥斯达黎加海岸535千米，是世界上面积最大的无人定居岛。岛上拥有各种奇异的海洋生物、昆虫、鸟类。现在是国家海洋公园，顶级潜水基地，电影《侏罗纪公园》就是在此拍摄的。著名的探宝电影《珍宝岛》里发生的故事就以此地的海盗藏宝为背景。

援，除了停靠在利马城的"玛丽·迪尔"号外再也没有其他大型货船。几个殖民高官与富裕的商人和船长汤普森商议，希望能乘坐该船回国。汤普森漫天要价，富人们不得不一一照付，因为若不及时离开利马，起义军会将他们碎尸万段，辛苦搜刮而来的财物也会被瓜分。这些靠掠夺发财的富豪们没想到，要他们命的不是南美起义军，正是他们眼里的"救命恩人"汤普森。

在交付了高昂的船费后，富豪们匆忙将几十箱黄金财宝装在"玛丽·迪尔"号上。经过一天的航行，船已经远离利马，直赴巴拿马。富豪们举杯相庆，终于成功保住了财宝。

汤普森像救世主一样在船上巡视，他的眼珠始终在几十个箱子上打转，贪婪之欲悄然升起。汤普森愤愤不平，他常年来回奔波于大西洋上，冒着巨大的风险，所获无几，而这些富豪们靠抢夺就轻松拥有这么庞大的财富，这太不公平了。一想到这些财宝也是抢来的，汤普森心安理得许多，一个罪恶的阴谋悄然在脑海里酝酿。

❖ 科科岛

汤普森去找一个亲信商议，两人一拍即合。可富商们有50多人，这些人骁勇善战，有些人身上还携带火器，而所有水手还不到20个，根本不是这些乘客们的对手。汤普森找来船上的医生，让他在饮食里下毒。

第二天早上，船长热情地招呼大伙儿，声称大风将至，请多吃点儿。富豪们没有客气，纷纷开吃，但有几个人吃的是自带的食物。不到一个小时，相继有40多人中毒昏迷，汤普森命令水手们将没有中毒的人杀死，连同昏迷的人一起扔进浩瀚的太平洋。船上所有珍宝尽归船长和 20 多个水手所有。

　　为了躲避西班牙国王的追捕，汤普森决定永不回国，将船开到了一个与世隔绝的小岛上。科科岛显然是冒险家们的天堂，这里偏僻安全，淡水资源丰富，离中美洲

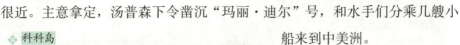

❖ 科科岛

很近。主意拿定，汤普森下令凿沉"玛丽·迪尔"号，和水手们分乘几艘小

❖ 科科岛

船来到中美洲。

　　很快，汤普森成为西班牙、法国、英国和荷兰等国的通缉要犯。有一天，汤普森照例去厄瓜多尔一个小镇上的妓院里玩乐，被一个妓女认出，立刻向当地镇长告发，汤普森拿出许多金币轻松躲过劫难。虽然此后汤普森屡次用贿赂逃脱掉，但他的行踪已经泄露，无法拿走那批宝藏。

　　1826 年，汤普森在一次意外中死去，从此再也没有人知道那批宝藏的藏身之地。有人推算，"玛丽·迪尔"号上的珍宝价值可能超过 100 亿法郎，而且大多是极为珍贵的古代钱币和艺术珍品。更有人推测，那批珍宝连同海盗宝藏极有可能仍沉睡在科科岛上的某个山洞里，等待有人去发现它们。

第四章
永沉海底的宝藏

　　人类在征服浩瀚的海洋过程中，曾有无数的大小舰船永沉海底。其中有些沉船上装有数量惊人的黄金、珠宝、工艺品等，这些财富和沉船一起永远消失于人间。联合国教科文组织的报告显示，几千年来，至少有300万艘各类船只沉在四大洋的海底，包括不计其数、满载无价财宝的舰船。这些数目庞大的沉船只有极少的一部分被人类发现，更多的沉船遗骸仍然静静地沉睡在大海深处，等待有缘人去探访。

Part4 第四章

"中美"号黄金船

辛苦8年的淘金汉们满载而归，携着妻子儿女登上了"中美"号汽船，然而等待他们的不是富裕的生活，而是一条不归路。

19世纪中期，美国西部的加州发现金矿，很快聚拢了一大批冒险家。这些为黄金而来的人们被称为淘金者，经历过难以想象的磨难和拼搏后，他们带着用性命换来的黄金踏上了回家的旅程。终于要结束这残酷艰辛的日子，畅想着未来富裕体面的生活，淘金者们兴奋不已，整装待发。

此时的美国中西部还一片荒凉，没有铁路和公路，也没人敢从陆地往东走，因为随时可以碰到复仇的印第安人。淘金者们需乘船到巴拿马，然后雇骡马车穿过100多千米的中美洲（当时巴拿马运河尚未挖通），再搭乘汽轮驶往纽约。

1857年9月4日，他们从圣弗朗西斯科出发，3天后到达巴拿马，换乘骡马车，用两天时间穿过了中美洲，然后乘坐"中美"号汽轮。一路上如此顺利，让淘金汉们格外高兴，但灾难很快降临："中美"号离开巴拿马两天后，在大西洋上遇到了飓风。汽船超载严重，吃水太深，在狂风的袭击下船舱迸裂，海水涌入。一望无际的海面掀起十几米高的巨浪，拍打着摇摇欲沉

❖ 墨西哥湾

的汽船。绝望的人们将孩子妇女们放到救生艇上，而淘金汉们则继续和狂风暴雨做最后的斗争，希望抓住最后的求生机会。但所有的努力都是徒劳的，在亲人们的注视下，这 423 名淘金汉最终连同他们辛苦赚来的黄金一起沉入墨西哥湾。

幸存者已经无法确定具体的沉船地点，也不知道船上到底有多少吨的黄金，只记得与他们的亲人生离死别时的凄惨，以及沉入海底时痛苦的一幕。这批黄金沉没地成了世纪谜团，很多寻宝者曾在此海域寻找，其中有个名叫斯宾塞的寻宝专家经过 20 多年的研究和查找，声称获知了沉船大致位置，将很快找到"中美"号并将其打捞上岸。但直到今天，也没见任何打捞"中美"号的行动，更别提那批巨量的黄金了。

知识小链接

"中美"号惨剧发生后，美国人痛定思痛，开始讨论修建一条横贯北美大陆的铁路。1862 年美国国会终于通过了《太平洋铁路法案》。经过 7 年的建设，全长 4850 千米的铁路终于修通，为美国经济的腾飞和西部的崛起起到了至关重要的作用，被英国金融界称为"世界工业界的第七大奇迹"。

Part4 第四章

"圣荷西"号打捞有望

船长斐德兹不听劝阻，心存侥幸，认为大海何其宽阔，运气再差也不至于会碰见大英舰队，于是下令起航，即刻回国。

16世纪，西班牙殖民者占领了美洲，在中美、南美设立四个总督区，分别为新西班牙区、阿根廷区、哥伦比亚区、委内瑞拉区，在广大的南美地区实行殖民统治。他们迫使印第安人放弃土地，从事建筑、农耕、开矿等艰苦的劳作。同时，殖民者对印第安人实行了大规模的屠杀，到后期，南美印第安人逐渐灭绝，西班牙开始从遥远的非洲贩卖黑人到南美从事各种沉重的劳动。贪婪的殖民者在印第安人和非洲黑人累累白骨上积攒了巨量的财富，平均每年有 3 吨黄金、31 吨白银和无数的珍宝被运回西班牙。

17 世纪中期，作为海上霸主的西班牙开始衰弱，新兴的大不列颠帝国崭露头角，即将在深海领域替代西班牙的地位，新旧霸主之间矛盾不可调和，冲突不断，英国和西班牙为夺海洋霸权频发海战。

1708 年 5 月的一天，满载金银珠宝的"圣荷西"号停靠在巴拿马海港，准备起航返回西班牙。有人奉劝船长斐德兹，最近有英国海军在 500 海里外的洋面上活动，最好停留几日再起航。斐德兹归国心切，全然无视潜在的危险，天真地认为在茫茫大海上不

知识小链接

近代的西班牙殖民者对南美印第安人的统治可谓血债累累，罪行罄竹难书。他们颠覆了印加人的帝国，摧毁了玛雅和印加文化，烧毁了修建500多年的太阳庙和"黄金花园"，奴役数百万的印第安人，直至最后把这里的印第安人灭绝。1821年，南美解放者圣马丁领导安第斯军攻入利马，赶走西班牙总督，才终止了近300年的殖民统治。

会这么巧碰见英国舰队。

"圣荷西"号驶离巴拿马后一路平安，这让斐德兹更加自信。6月8日，负责瞭望的海员忽然大声报告：前方隐约见有一舰队一字排开，悬挂英国米字旗！全体船员无比惊恐，"圣荷西"号是货运船，根本不是英国战舰的对手，恐难逃一劫。斐德兹急忙命帆船掉头，但已经来不及了，上百颗炮弹呼啸而来，有几颗击中"圣荷西"号船体，海水逐渐涌入船舱，庞大的船体渐渐沉没，600多名船员和几十吨的黄金、白银最终被海水吞噬。

后世的探宝者测定，"圣荷西"号的沉没点位于哥伦比亚以北16千米的加勒比海海域。3个世纪来，无数垂涎这批宝藏的寻宝者无不跃跃欲试，妄想从中捞点好处，一夜暴富，但由于科技条件的限制，他们无法克服210米深的海水压力。

1983年，哥伦比亚政府宣布："圣荷西"号属于哥伦比亚国家财产，不属于美洲大地上曾经的殖民者，更不属于那些贪婪的冒险家、寻宝者。有媒体称，哥伦比亚政府很可能已经找到了沉船区域，只要条件成熟，将很快打捞，这些沉宝终将重见天日。

佛罗里达浅海沉宝

沉重的运宝船在狂风暴雨中左右摇摆，艰难航行。由于货物超重，颠簸剧烈，船只终于逬裂，桅杆断裂，最终沉没。

美国佛罗里达州位于大西洋西岸，有绵延几十千米的海岸线，这里沙滩松软，气候宜人，每年都吸引着来自世界各地的游客。每当风暴过后，就会见很多游客不顾早晨的低温海水，在海滩上低头查看，似乎在寻找什么丢失的东西，他们在搜寻什么呢？原来这里的浅海区域曾是西班牙沉船地，200多年来陆续有人在暴风雨后的沙滩上捡到过金币、银币，这些钱币具有极高的收藏价值，进入拍卖市场价格会更高，游客们是想碰下运气，看能否捡到传说中的西班牙金银币。

据相关资料显示，在佛罗里达以南海域，大约有2000艘16~19世纪的西班牙、葡萄牙沉船。这些船是殖民者用来往欧洲运送珍宝的运宝船。在近300年时间里，西班牙和葡萄牙两国从南美掠夺了数量惊人的财富，通过这些运宝船源源不断地运回国，其中有些船只由于各种原因永远地沉没在大西洋海底，而佛罗里达海域正是经常发生沉船的地方。

16~17世纪是西班牙海军最强盛的时期，这个欧洲的弹丸之国凭借其高超的航海技术、极富冒险的探险家精神，以及对黄金欲壑难填的贪婪，使得西

◆ 西班牙银币

这些沉船上还有大量的中国瓷器，许多瓷器均是明朝万历到清康熙年间的官窑真品，有青花瓷、粉彩碗、珐琅彩等。当时这些瓷器在殖民者眼里并不算财宝，价值还不如一个银币，但如今这些瓷器随便拿出一件都价值几千万，和 100 千克的黄金等值。

班牙海军所向无敌，横行于大西洋，成为抢掠黄金的先遣队。鼎盛时期的西班牙海军每年都会组织一次由 100 多艘舰船组成的舰队横渡一次大西洋，往返于南美和欧洲之间。每次空船而去，满载而归，这种运宝行动一直持续到 1821 年。花无百日红，到了 18 世纪初期，西班牙海军再也无力组织如此庞大的船队，被新兴的英国取而代之，英国渐渐成为新的海上霸主。

1715 年，日渐衰微的西班牙海军只组织了 11 艘舰船从事运宝，这些船一整年失修，质量不佳，不足以胜任远航。5 月，这 11 艘船停靠在哈瓦那，等待装满货后返回欧洲，负责带队的是乌比雅将军。

装完货后，随行的船员们无不担心：这些老船吃水太深，船缝已开始漏水，不知能否平安航行。7 月底大西洋西部临近飓风季节，这些船随时都有可能沉没海底。7 月 27 日，乌比雅将军惴惴不安地领着船队起航了。

起初几天，海面阳光明媚，风平浪静，船队一帆风顺，乌比雅紧蹙的眉头逐渐舒展开来，打消了心中所有的不安。过了几天，海风劲吹，海浪翻滚，沉重的舰船犹如飘浮的树叶，随风摆动。船员们奋力控制住船体，总算躲过了这次海风。第二天，天空湛蓝，烈日当头，海上没有一丝风。乌比雅凭借多年的航海经验，预感到马上将有暴风来临，立刻命所有船只往北行驶，尽量向北部海滩靠近。果然，刚刚还晴朗的天空骤然变阴，狂风携着暴雨肆虐狂吹，船队在佛罗里达海峡艰难地航行，左

❖ 佛罗里达海峡

右摇晃。由于部分船体老化，载重过多，终于承受不住暴风雨的袭击，在海上颠簸半天后终于有船迸裂，桅杆被吹断，最终沉没。其他船只见有船沉没，立刻慌张起来，虽努力控制平衡，但也相继沉没。11艘船除了"葛里芬"号船长不遵乌比雅命令，向东北方向航行躲过此劫外，其他10艘全沉入海底。

❖ 查理二世

这次航海事故造成1000多人丧生，无数珍宝沉入浅海，部分生还者依靠木杆漂流到海岸，带着一些宝箱走入北美内陆，从此隐名埋姓独享这些财富。运宝船沉没的消息传到西班牙后，国王查理二世立刻派出8艘船只赶往出事海域——不是救人，也不是接回幸存船员，而是打捞那些沉宝。救援队专门在沉船附近的陆地上建立3个仓库，用以回收财宝。救援队也不是一无所获，最终捞上几百万银币和部分黄金，但还不到沉宝的1/3。

这片海域较浅，有的珍宝被海浪推到沙滩上，多年来经常有人在海滩上拾获各种金银币。

打捞**古巴岛**沉船

> 根据当时英国法律，皇室拥有任何打捞所得财富的 10%。费布斯首先拿出价值 3 万英镑的金条上缴给英国国王。

美国人费布斯无疑是幸运的，他发现了西班牙沉船并成功打捞了一部分财宝，成为最早从事海洋打捞方面的专家。费布斯出生于美国缅因州，并未受过良好的教育，也从未有过正当的职业。他曾在造船厂上过班，正是这个工作经历让他掌握了操作各种船只的技术。后来他和西班牙人一起，从事贩卖黑奴的勾当。别看费布斯没受过教育，但却十分聪明，很有头脑，动手能力很强。他制造了一艘小艇，准备用它打捞海底沉宝。

在一般人看来，驾船寻宝的想法有点异想天开，但费布斯真的就把它当成一项事业，并为之奋斗终生。1674 年，年仅 23 岁的费布斯驾着自造的小船到西印度群岛一带航行，他四处打听有关沉船的传说。有一次，他无意中听闻附近海域有西班牙沉船，立刻想到了成箱的黄金和金币。尽管这些只是传闻，未必属实，但他决心搜寻海底沉宝。费布斯在古巴岛附近逗留了 7 年，探寻到许多重要信息。

❖ 黄金

为寻求支持，费布斯辗转来到英国，居然得到了国王的接见，并获得允许可以租借海军舰船继续查找西班牙沉船。1683 年，费布斯带着英国一艘护卫舰来到古巴岛北部海域，忙碌半年一无所获，只好退租英国护卫舰。费布斯并没有放弃，像着了魔似的继续寻求赞助者。功夫不负有心人，1687年春，他搞到了两艘大船，重新组建了搜宝队，购置了潜水设备，再次来到古巴岛。

知识小链接

1692年，冒险家费布斯被任命为州长，3年后，年仅44岁的他去世了。费布斯是个传奇人物，这个默默无名的年轻人仅仅出于对海洋冒险的热爱，凭借一股干劲，为了探宝梦想奋斗13年，终于从海底捞出大笔的财富，这一励志故事成为当时无数年轻人效仿的榜样。

一个偶然的机会，他从一位西班牙游客处获悉，1642年曾有一艘西班牙大船在伊斯帕纽拉岛海域失踪……说者无心，听者有意，费布斯立刻返回巴哈马海域，在这里继续搜寻。4个月后，他们终于发现了一个沉船残骸，正是那艘失事的西班牙沉船。多年的努力总算没有白费，费布斯大喜过望，着手打捞沉宝。

沉船位于水下70米，受当时条件限制，潜水员几乎不可能进行水下作业。费布斯为此专门设计了潜水球，使打捞工作得以继续进行。

10月，费布斯带着27吨的战利品回到伦敦，立刻引起巨大轰动，他的经历大大地刺激了梦想一夜暴富的年轻人，吸引了更多寻宝者投入打捞事业。

根据当时的英国法律，任何打捞获得的财富必须上缴给皇室10%，因此他首先献给查尔斯二世3万英镑，然后将这些财宝分给船员、潜水者，以及这次寻宝的赞助商，最后这名为寻宝奋斗13年的小伙子带着剩下的金银返回美国。

Part4 第四章

维哥湾"黄金船队"

总司令见身边的士兵一个个地倒下，彻底陷入绝望，为避免巨额财富落入英荷联军之手，他下令烧掉17艘帆船。

说到"黄金船队"的沉没，就不得不提英荷联军，两国是如何与西班牙为敌的呢？1700年，西班牙国王卡洛斯二世意外死亡，因为其没有留下子嗣，围绕着皇位继承权，欧洲几个主要皇室发生了激烈的冲突。英国、荷兰支持奥地利的卡洛斯大公，法国支持费利佩五世。最终费利佩即位，英国、荷兰表示不满，联手对抗法国、西班牙联军，双方在欧洲展开大战，甚至跨越大西洋，将战场延伸到中美洲和大西洋。

新即位的费利佩五世为了巩固政权，缓解财政危机，增加军费，急命南美洲殖民总督，将掠夺来的巨额财宝火速运回国内。年轻的新国王显然忽略了一个问题：运送如此庞大的一批财宝必须有一支海军护送，而当时西班牙海军已非昔日海上霸主，根本不是英荷联军的对手。若此时将这批珍宝送回国内，将冒很大

知识小链接

"黄金船队"真是祸不单行，从船上卸下的国王和王后的珍宝，在运往马德里途中遭遇强盗，大约有1500辆马车的黄金被劫走，有传说这批黄金依然被埋在西班牙南部的庞特维德拉山区。对冒险家和寻宝者来说，这无疑也是一个诱人的宝藏。

◆卡洛斯二世

风险。

国王命令下达，总督只得遵命。1702 年 6 月 12 日，17 艘满载着价值几百亿法郎的金银珠宝从哈瓦那出发了，这就是举世闻名的"黄金船队"，装载的黄金白银全是从南美和墨西哥等殖民地掠夺而来。

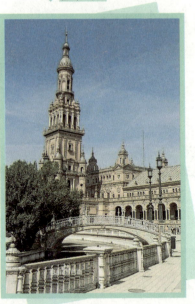
❖ 塞维利亚

正应了那句话"怕什么来什么"，"黄金船队"航行了几天，刚到大西洋上的亚述尔群岛时，即被英荷海军舰队拦住去路。英国海军上将鲁克命令 150 艘战舰围成半圆状，只在一个方向留给西班牙人作为出口——那里正朝向维哥湾。英荷联军的想法再明显不过，他们意图把"黄金船队"逼入死胡同，然后来个瓮中捉鳖，缴获这批珍宝。"黄金船队"总司令名叫贝拉斯科，他别无选择，只得退入维哥湾，见机行事。

此时唯一的应对方法是，立刻将船上财宝卸下，改由陆地运到首都马德里。可当时西班牙有个古怪的规定：任何从殖民地运来的货物必须先交到塞维利亚，经查验后由塞维利亚市将货物送到马德里。显然此时卸下财宝是违法的，不懂变通的西班牙人只有等死。关键时刻，皇后传来命令：先将国王和皇后的货物卸下，用马车运到马德里。

❖ 维哥湾夺宝海战

英荷联军将西班牙人围困了一个月，鲁克将军见无法迫使船队投降，命令对维哥湾发起进攻。在重炮轰击下，西班牙守军死伤惨重。英荷士兵见前面是如山的珍宝，异常激奋，拼命前冲，很快攻入维哥湾。总司令贝拉斯科见身边的一个个士兵倒下去，陷入了绝望。为避免这笔巨富落入敌人之手，一怒之下，将 17 艘舰船点燃，顿时维哥湾烈焰冲天。西班牙士兵们默然注视着这批辛苦搜刮来的宝贝。缓缓沉入海底，心中别有一番滋味。

❖ 珍珠

沉入海底的珍宝究竟有多少？根据被俘的西班牙士兵交代，那批黄金珠宝至少能装满 4000 辆马车。英荷联军捶胸顿足，懊悔不已，组织海员下水打捞，但所获极少。

从此，在长长的维哥湾海岸线上，经常出现一批又一批的冒险家，他们有的空手而归，有的得到些珍珠、玛瑙、琥珀和翡翠等珠宝。如今，更多的人使用现代探测技术和深海潜水工具继续寻觅。300 年的沧海桑田使那些珍宝覆盖了一层厚厚的泥沙，无疑给探宝者增加了难度，也为这批沉睡的宝藏增添了几分神秘。

Part4 第四章

打捞"圣母"号

西班牙"圣母"号船体庞大，财宝太多，德雷克的"金鹿"号船小，载不动，眼睁睁地看着"圣母"号悄然沉海。

16世纪末，英国人见西班牙船队满载珍宝往来于大西洋间，无比嫉妒，于是干起了海盗勾当。伊丽莎白女王向一些在海上从事武装打劫的商船颁发了"私掠证"，持有此证的商船可以肆意打劫英国敌对国家的运宝船，某种意义上是奉命行事

知识小链接

费希尔在打捞沉船的过程中可谓历尽艰辛，先是他的儿子因为氧气管缠绕被困在海里6个小时，最后痛苦死去；后有他的女婿在海底勘察时被鲨鱼袭击而死，另有一位雇佣的潜水员受伤太重，上岸后不久死去。但这些都没让费希尔气馁，反而激励他继续探索，以探宝成功去安慰天堂的亲人。

❖ 伊丽莎白女王

的国家海盗。德雷克就是一位鼎鼎大名的海盗船长，他幼年曾在造船厂当过学徒，坐船出过海，掌握了出色的航海技术。有一次，他的表兄，另一位海盗船长在抢劫西班牙运宝船时被护卫舰袭击，有多名水手被打死，点燃了他对西班牙的复仇之火。

1572年，32岁的德雷克获得了女王颁发的"私掠证"，带领73名水手和两

❖ 德雷克

艘武装商船重返加勒比海。短短十几年，德雷克的海盗船收获颇丰，多次以小搏大，抢夺上百艘西班牙运宝船，有大西洋"猛龙"的称号。

德雷克很快成为大英帝国家喻户晓的人物，他最著名的一次行动当属抢劫西班牙运宝船"圣母"号。1577年，德雷克再次得到伊丽莎白女皇的赞助，驾着"金鹿"号武装埋伏在加勒比海湾附近。西班牙的"圣母"号载着沉重的财宝缓缓驶过加勒比海附近，德雷克乘着黄昏的夕阳立刻追了上去。"金鹿"号是武装船，装有18门火炮，有200名水手；"圣母"号是货运船，只有两门火炮，88名水手。"圣母"号最终被德雷克击中，但还不至于沉没，西班牙水手死的死，伤的伤，剩下的被德雷克残忍地扔进了海里。

德雷克用了两天才将受伤的"圣母"号部分财宝装进"金鹿"号。"金鹿"号不及"圣母"号一半大小，而且本身是武装船，载量不大，德雷克和200名水手不得不眼睁睁地看着"圣母"号慢慢沉入海底。德雷克继续西行，穿过太平洋，进入印度尼西亚群岛，后又经过印度洋，好望角，回到英国，中途不得不再次扔掉几吨白银。德雷克成为首位环绕地球的英国人。他回到英国后，受到隆重欢迎，赞助这次行动的投资商获得了47倍的回报，英国将一处海峡命名为"德雷克海峡"。

1960年，美国一位名叫费希尔的冒险家意外获知了关于

❖ 绿宝石

"圣母"号的故事，从此沉迷于这艘沉船不能自拔。他翻阅了大量有关"圣母"号的资料，又跑到西班牙历史图书馆查找相关航海记录，最终确定"圣母"号的沉没位置。历时25年，费希尔耗尽家私，黑发变白发，几经生死，为寻宝丧失了一个儿子和一个女婿，

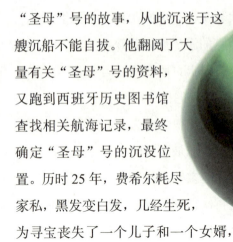

❖ 绿宝石

最终找到了"圣母"号沉船位置，打捞出了大量的金银器物，几千颗各种宝石，超过1吨的黄金和5万枚西班牙银币，还有更多的工艺品，件件都是稀世珍品。尽管如此，他所发现的也只是"圣母"号沉宝的三成。值得一提的是，费希尔从沉船中打捞上一件无价之宝，印加帝国用来测量天体的仪器，这件文物至今仍被陈列在美国纽约大都会博物馆。

费希尔二十年磨一剑，获得了丰厚回报，他的打捞公司一举成名，吸引了无数投资人的青睐。费希尔再接再厉，又发现了另外一艘西班牙沉船"阿托卡夫人"号……

Part4 第四章

"马迪亚"号未解之谜

在普通人眼里，金光灿灿的黄金，光辉耀眼的珍珠、玛瑙、翡翠、宝石才是珍宝，而在史学家眼里，文物才是无价之宝。

1907 年，一位希腊工人在突尼斯东北部，意大利南部的马迪亚海附近进行海底作业时，发现了一个外形像军舰大炮的东西，经仔细辨认，原来是一艘巨大的古代沉船。这一发现拉开了"马迪亚"沉船的打捞序幕，耗时一个世纪。

这次打捞位于突尼斯海域，潜水工人们的雇主也是突尼斯人，当看到打捞上来的是一些陶罐和青铜器时，他们将这一消息报告给了突尼斯政府。政府命拜姆将军负责处理此事。拜姆动员了多位海军潜水员，对发现沉船的海域进行调查，调查结果引起欧洲考古界和学术界轰动——海底沉睡着一些古希腊浮雕和神庙大理石圆柱。

报道一出，各国表现出浓厚兴趣，纷纷表示愿出资支持打捞工作。突尼斯政府将调查工作改由考古部门负责，著名

知识小链接

古希腊建筑以巧夺天工的雕刻闻名于世，能工巧匠在大理石上雕刻了大量的神话人物、宗教图腾，这些精美的石刻、浮雕大多被用在装饰庙宇、神殿和宫殿上，件件皆是艺术珍品。1820 年，在爱琴海出土了断了双臂的维纳斯雕塑，它那端庄的身子和优美的容貌，以及强烈的艺术气息被雕塑大师罗丹称为"古代神品"。

❖ 罗马柱

的考古学家阿尔弗雷德·麦尔兰为负责人。

经过几个星期的调查，麦尔兰初步掌握了这片海底情况，看上去像军舰大炮的是大理石圆柱，共60根，通常见于古希腊神庙和王宫建筑；海底还凌乱地散落着一些雕像、陶罐。突尼斯曾计划进行大规模的打捞，但受到革命风潮影响，加上资金不足，调查打捞工作只得中断。1909年，突尼斯研究了相关调查资料，为以后继续调查做准备。

❖ 西班牙银币

有消息称，考古小组发现了大量沉船文物，沉船的舱室里装满了珍贵的艺术品，全是古希腊时期的雕塑、石像、石刻，可以媲美任何古希腊神庙遗址保存的文物。如刻有思想家波埃特斯的铭文的石柱，有萨尔求斯洛斯的青铜像、牧神波恩的头像、爱神阿芙洛狄忒的塑像等。其中有一个刻有众神使者海尔梅斯的雕像堪称最珍贵的艺术品，它揭示了长时间困扰人们的希腊传说中，神与神之间、神与人之间，错综复杂又细腻微妙的人物关系，对研究希腊文化和历史有重要意义。

古希腊神庙里的石柱和雕像是如何沉到海底的？又是如何跑到意大利南部海域的？考古学者推测，这些石雕和大理石材料是罗马侵略军从希腊掠夺而来，从雅典的港口装船驶向西边的意大利时，途中遭遇风暴不幸沉没。"马迪亚"号长达36米，宽约10米，采用高超的造船技术。从船的设计来看，极有可能是为了载重而专门设计的，建造时间约为公

❖ 揭开沉船面纱

元前 2 世纪。艺术史专家雷纳克认为，根据船上使用的航海灯具可以得出沉船大约发生在古罗马时期。公元前 86 年，罗马帝国征服雅典，悍将斯鲁拉将古希腊的庙宇、神殿、王宫拆毁，把雕刻精美的白色大理石柱、石条和不计其数的陶罐、青铜器运走，在离亚平宁半岛不远处遭遇不幸，船随着洋流漂移到马迪亚海域，最终沉没。

斯鲁拉为何要将这些笨重的石材拉回国内呢？原来他是一位骁勇善战的猛将，喜欢炫耀战果，他这么做的目的无非是希望凯旋时能得到更多罗马人的欢呼和敬意。在这场"拆庙"过程中，古希腊文明的骄傲，奥林匹亚神殿被完全摧毁。

1939 年，有学者曾提出继续调查"马迪亚"号沉船，但此时欧洲阴云密布，希腊和突尼斯随时可能被意大利和德国入侵，两国政府无暇顾及沉船，调查和打捞工作再次被搁置。

❖ 奥林匹亚遗址

10 年后，法国考古学家迪玛携一队潜水小组来到马迪亚海域，对海底沉船进行科考。考察收获颇丰，结果再次震惊考古界。潜水小组不仅发现更多的古希腊大理石柱，还发现了另外一个秘密：这艘船具有超乎想象的载重能力。经过 2000 多年的积淀，有 70% 的船体被淤泥掩埋，突尼斯考古队只发现数量很少的一部分，更多的仍被埋在泥土中。

这批石柱的打捞工作十分烦琐，潜水员须清理掉每个大理石上厚厚的淤泥，在水下稍微一动，海

水就变得非常浑浊，根本看不清周围环境，潜水员只能摸索着清理泥沙。几个小时后，浑浊的海水澄清，才能进行下一步工作。当时没有先进的潜水和打捞工具，需要潜水员穿着笨重的潜水服在海底从事极为辛苦的劳作，有时甚至要冒着生命危险完成作业，足见打捞工作之艰难。

时过 6 年后，突尼斯再次对该沉船遗址进行科考，他们使用了专门清理淤泥的机器，工作效率大增，虽然没能捞到有价值的文物，但却成功绘制了船体草图，制作了沉船模型。调查资料显示，这艘大船载重量至少可达 220 吨，甚至超过 250 吨。同时令考古人员备感惊讶的是，船的构造和制造工艺极为复杂，充分证明了古罗马人在 2000 年前就已经掌握了高超的造船技术。

直至今天，科学界仍在研究"马迪亚"沉船，随着声呐探测技术和计算机模拟系统的应用，相信在不远的未来，将完全解开沉船之谜。

Part4 第四章

"克洛斯维诺尔"号沉船

一阵强风吹过，"克洛斯维诺尔"号剧烈颠簸，在狂风和巨浪的共同作用下，猛冲向岸边悬崖，大帆船被撞得粉碎。

18世纪末，英国迅速崛起，成为新兴大国，开始在全球扩张殖民地。荷兰作为老牌帝国，逐渐衰退，面对英国咄咄逼人的出击，不得不退出亚洲，将这片富饶的土地让给英国人。1782年6月，一艘荷兰大帆船"克洛斯维诺尔"号停靠在锡兰（即斯里兰卡）港口，海员们在忙碌着将搜刮而来的珍宝装入几十个箱子，有条不紊地码放好，等待装船运回荷兰。6月15日，大帆船扬帆起航，缓缓驶离锡兰港，这次远航的目的地是阿姆斯特丹。

起初的50天，"克洛斯维诺尔"号一路平安，顺利到达印度洋西南，再过500多海里即可到达好望角，驶入大西洋。8月4日，当船航行到非洲东南海域时，海上忽然刮起一阵狂风，经验丰富的水手们从容应对，不慌不忙。然而海风愈刮愈烈，"克洛斯维诺尔"号在强风和巨浪的共同作用下，猛冲

❖ 英国

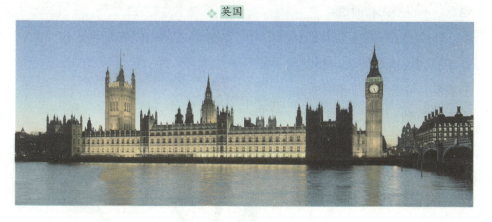

向岸边悬崖。尽管船长想尽办法想要稳住帆船，但无奈风太强，所有努力都是在做无用功，大船最终撞上峭壁，被撞得粉碎。

"克洛斯维诺尔"号上共有 150 名水手，灾难发生时，有 134 人跳入大海，在惊涛骇浪的海里挣扎求生，最终游上岸。帆船则被狂风吹得东倒西歪，很快被巨浪挟裹着卷回大海，十多个来不及跳水的水手和那批巨额财宝随着帆船一同沉入海底。

幸免于难的水手们为了战胜死神，离开这个鬼地方，将队伍分成 3 组。水手们在密林中挣扎，吃青蛙、树叶充饥。然而死神却如影随形，一些人死于食物中毒，一些人死于毒蛇攻击，还有一些人死于猛兽之口，最终只有 6 个人走出密林，抵达好望角，搭乘路过的船只回到欧洲。这 6 个人回到荷兰后，将这次海难经过和密林历险写成回忆录，向读者们讲述了一个惊险刺激的故事，以及遭受的不堪回首的磨难。该书一经出版立刻引起读者轰动——不是被他们的历险经历吸引，而是被那批沉宝诱惑。自从"克洛斯维诺尔"号沉船的故事流传开来后，那片失事的海域就吸引了无数的探宝者前去寻觅。

沉船事件发生 5 年后，首批探宝者前来搜索和打捞，但由于找不到具体地点，不得不无功而返。

1842 年，一位英国籍船长雇用 10 名潜水员在附近海域搜寻了 10 个月，终于找到了沉船地点，并发现了沉船残骸。可惜受限于当时的潜水条件，他们无法打开沉船的货舱盖，最后不得不求助英国海军。但英国海军经过仔细研究后也无能为力，打捞计划只得

◈ 荷兰国花——郁金香

作罢。

由于出事海域为大西洋和印度洋交汇处，洋流活动频繁，气候条件复杂，经过百年的洋流作用，沉船逐渐被厚厚的泥沙掩埋。

❖ 英国

1905年，一家专业的打捞公司前去勘查，他们找到了沉船，经过钻机取样，从泥芯中获得数百枚古钱币，并成功摘下了13门大炮。打捞公司将这些获利品捐给了一个海洋博物馆，也算有点收获。那些埋入淤泥深处的宝藏，却始终无法捞得。

人们想了各种办法来打捞沉宝，不是运气差点，就是受技术条件限制无法实现。总之，过了200多年，那批沉宝依旧沉睡在那片海底。也许随着时代进步，打捞技术的提高，人们能使这艘船重见天日，但它上面是否真的有巨额的财宝？那些财宝是否早被人取走？对于梦想一夜暴富的寻宝者来说，这些都是要考虑的问题。

沉没的"皇家上尉"号

"东方大商船"是大型货运商船，更像是一艘超级战舰，一座移动的堡垒。它配备有 30 ～ 50 门大炮，船员超过 100 人，一旦遇到抢劫，可以立刻进行战斗。

早 在 16 世纪时，英国伊丽莎白一世就曾派使者到中国，要求两国开展贸易，但她的使者还没到中国，即在中国附近海域沉没。进入 18 世纪，英国逐渐扩大了与中国的贸易，每年都有数十艘大型货船往返于伦敦和广州之间。两地航程 19,000 千米，中途充满危险，还有可能遇到海盗或敌对国的抢劫船。为应对以上挑战，英国和荷兰两国合作设计了一种巨无霸商船——"东方大商船"。这种货船更像是一艘超级战舰、海上移动堡垒。它体型大，载重 1400 吨，配备 30 ～ 50 门大炮，船员超过 100 人，不仅可以运输大量的货物，遇到敌人时还可以投入战斗，初具现代轮船的雏形。

"皇家上尉"号也是"东方大商船"，但属于中小型大商船，它载重只有 860 吨，1772 年初由东印度公司制造，用来运输中国瓷器、茶叶、丝绸和香料等特产。

1773 年 12 月 11 日，"皇家上尉"号满载货物从中国广州出发，开始了它的第二次远航，4 天后到达菲律宾巴

❖ 伊丽莎白一世

"东方大商船"系列货运商船隶属于大名鼎鼎的英国东印度公司。这是一家皇家公司，也是大英帝国对占领国实行剥削、压迫的殖民政体。鼎盛时期的东印度公司曾控制世界超过 1/4 的人口，占据 50% 以上的世界贸易份额。1858 年，由于公司管理层臃肿、机构庞大、效率低下，被英国女王取消"皇家公司"封号，并最终瓦解，其存在了 250 年。

拉望岛，装满淡水后继续前行。17 日凌晨，100 多位水手和乘客正在沉睡，忽然被一声刺耳的撞击声惊醒，急忙走出舱外查看，原来是货船搁浅了。船长爱德华·珀尔想尽一切办法也不能让船驶离浅水域，而这时船舱也开始大量进水，他只得忍痛弃船逃生。

100 多名水手和乘客分乘 3 艘救生艇逃生，只有 3 名水手拒绝离开，他们喝得醉烂如泥，后来被一艘路过的小型货船搭救。等东印度公司派来另外一艘"东方大商船"前来抢救货物时，"皇家上尉"号早已沉入深海。这艘诞生才一年半的大货船仅仅航行了两次，就永远沉没了。

"皇家上尉"号的沉没地点一直是困扰后人的谜团，直到 200 多年后，法国考古学家高迪奥发现了沉船遗骸，这艘商船才再次引起世人注目。人们纷纷猜测那 860 吨的货物价值多少，更多的人则关注那几百吨的精美瓷器是否依然完好无损。众所周知，17 世纪初英国伊丽莎白女王十分钟爱来自中国的瓷器，尤其喜欢各种巧夺天工的茶壶、瓷瓶，英国贵族也纷纷效仿，大量购置中国瓷器。正是在这种需求刺激下，"皇家上尉"号才将瓷器作为主要货品运回欧洲。那些茶叶和丝绸早已被海水泡烂，没有价值，但瓷器却可能完好无损。随着近几年中国瓷器在各大拍卖行连续创出高价，人们愈发认为"皇家上尉"号是一个巨额宝藏。

❖ 伊丽莎白一世

Part4 第四章

"阿托卡夫人"号沉船

当"阿托卡夫人"号被拖出水面时，它的估值超过令人咋舌的 5 亿美元，这还不包括百余件艺术珍品和成箱的翡翠。

西班牙殖民者用坚船利炮征服了中美洲和南美洲，使墨西哥、智利、委内瑞拉、哥伦比亚等国成为侵略者取之不尽的财富掠夺地。殖民者在新大陆从事的工作即是开采金银矿，奴役土著人从事各种繁重的劳动，然后将一批批金银珠宝源源不断地送回西班牙。

为对付海盗，每艘运宝船上都装备十几门的大炮。但面对海上飓风，冒险家们则束手无策，唯有向上帝祷告一帆风顺。1622 年 8 月，一支由 29 艘运宝船组成的船队停靠在中美洲的巴拿马港，这些船上装满了从殖民地掠夺而来的财宝，正准备运往马德里，负责此次运输安全的正是"阿托卡夫人"号护卫船。由于该船火力最猛，船身最坚，船员们把最贵重、数量最多的珍宝装载到它的舱内。

航行数天后，船队行至临近哈瓦那的加勒比海西部海域，遭遇强烈飓风。"阿托卡夫人"号火力虽然强大，但它的火炮对飓风没有任何威慑力。由于载重过多，吃水太深，"阿托卡夫人"号航行最慢，成为首艘遭遇不幸的运宝船。其他船上的船员立刻跳入海中，希望从中打捞出

❖ "阿托卡夫人"号沉船

一些金银，但随之而来的更强烈的暴风将这些船员也卷入大海深处。

❖ "阿托卡夫人" 号沉船

1985 年 7 月的一个下午，著名探宝专家费希尔正在小憩，一阵急促的电话铃声打断他的美梦。电话是他的儿子从海上勘探现场打回来的：他们的打捞队终于找到了 "阿托卡夫人" 号沉船残骸，更令人惊喜的是，和传说中的一样，这艘沉船装满了财宝。

经过 3 个月的紧张工作，这艘费希尔查找了 16 年的沉船终于被运回美国。费希尔和他的打捞公司把 "阿托卡夫人" 号称为 "西班牙银行"。当它被清理上岸时，业内专家对它的估值让所有人惊愕不已——5 亿美元，这还不包括无法估价的珍稀工艺品和成箱的翡翠，堪称沉船打捞史上最伟大的发现之一。

费希尔打捞公司发现沉船只是麻烦的开始。"阿托卡夫人" 号的打捞激起了西班牙人强烈的民族自豪感，沉船曾经的主人——西班牙政府一纸诉状将费希尔公司告上法庭：沉船归属西班牙政府，任何个人无权打捞。经过十几年的漫长诉讼，美国一家法院先是裁定费希尔拥有沉船的打捞权，后又裁定西班牙政府拥有无可争议的打捞权。

知识小链接

费希尔为找到 "阿托卡夫人" 号花费了几百万美元，牺牲了两位亲人。在查找该船的 16 年里，每天投入工作前，费希尔总是对他的员工们说："努力吧伙计们，今天就是发现它的日子。"费希尔 16 年如一日的寻宝经历激励了千万的美国人，成为 "铁杵磨成针" 的另一种版本的励志故事。

西班牙人获悉这一消息后，无不欢欣鼓舞，殖民者后裔们寡廉鲜耻地认为：西班牙才是沉宝的主人，费希尔像是被邀请来喝咖啡的客人，他发现主人家的宝藏后开始像海盗一样坐地分赃。不知西班牙人在谴责费希尔打捞公司的同时，有没有想过他们曾经对南美人民犯下的累累罪行？

Part4 第四章

"阿波丸"号沉船之谜

> 随着一声巨响，"阿波丸"号在 3 分钟内连同无数的财宝和 2008 名乘客迅速沉入海底，乘客包括战犯、妇女、老人和婴儿。

"阿波丸"号是一艘日本远洋游轮，日本始终声称该船是一艘民用船只，但美国方面坚称有足够证据证明这是一艘为前方运送补给的军用船。"阿波丸"号长 155 米，宽 20 米，吃水 12.6 米，排水量 1.1 万吨。该船于 1943 年下水，虽然是艘商船，但却是严格按照军用标准设计制造，无论从性能、规模还是船上的设备来讲，毫无疑问是一艘军用船。

1945 年初春，该船驶入中国福建海域，停靠在码头 3 周时间。这段时间该游轮十分诡异，处处充满神秘。白天，船上一片宁静；黄昏，水手和日本兵开始忙碌，一直忙到第二天凌晨。有一段拍摄于 1945 年的影片显示，轮船在

知识小链接

通过打捞"阿波丸"号巨型游轮，中国培养了一大批优秀的海上救捞人才，涉及潜水、布场、水下爆破与切割、医疗救护等十几个领域。相关部门攻坚克难，针对海底作业研制了一系列高科技产品，比如深水探测机器人、无线遥控机械手等，另外海军潜水员已掌握了 40 米深水电焊切割技术，能对任何大型船舰进行水下焊接。

出发前，有大批日军将数千箱货物装入"阿波丸"号。此时的日本败局已定，正匆忙撤出部分驻军和军政人员以及家属，原本只能容下 236 名乘客的游轮上居然挤上去 2009 人。

1945 年 4 月 1 日深夜，正在巡逻的美国"皇后鱼"号潜艇发现不远处停靠着一艘日籍轮船，美军误以为是艘日本军舰，发射了一枚鱼雷。随着一声巨响，硕大的"阿波丸"号在 3 分钟内迅速沉没。据唯一的幸存者，船上的一名厨师事后回忆，当晚有位孕妇刚诞下一名女婴，这个可怜的婴儿成为"阿波丸"最小的罹难者。船沉没后，海面上曾浮上来许多日本人，但他们拒绝美国人的救援，全部与"阿波丸"号共亡。

1976 年，美国一家媒体报道称，"阿波丸"上装载有从中国掠夺的 40 吨黄金，12 吨白金，15 万克拉的金刚石，以及 40 箱宝石、工艺品和艺术珍品。该媒体认为，可打捞物价值 2.5 亿美元，总财富超过 50 亿美元。台湾《中国时报》补充道，船上还有 3000 吨锡、2000 吨铝、2000 吨钨、800 吨钛、至少 2000 吨的橡胶。日本《读卖新闻》自称从解密的档案中获知，船上的金条足有 26 辆卡车，另有一件无价之

❖ "阿波丸"号上可能也有像这样的金条

宝：失踪几十年的北京人化石。

自从"阿波丸"号沉船被国外媒体报道后，吸引了无数垂涎这份宝藏的寻宝者，有许多国家和公司向中国发来信函，要求与中方合作开展打捞工作，但中国政府一一拒绝这些合作请求，并在 1977 年开始自行打捞沉船。该船沉没地点位于台湾海峡，洋流活动频繁，只能在每年的四五月份进行打捞，限制了各项工作进展。经过 3 年的打捞，相关部门获得价值 5000 多万美元的各种货物，但没有见到一块黄金。同时打捞上岸的还有 300 多具日本人遗骸，中国政府全部通过上海红十字会交由日本方面。

"阿波丸"号沉船的巨量黄金是一定存在的，但为何至今仍没有找到，难道日军在沉没前已将它们全部转移？抑或黄金位于舱内某个位置，只是现在还没有找到？我们更相信后者，也深信未来一定能将该沉船遗骸完全打捞上岸，那时所有的疑惑将大白于天下。

第五章
世界各地的宝藏

人类自从诞生之日起，就伴随着自私、贪婪和狂热的占有欲。多少人为了满足一己之私，欲把大量的财富占为己有，将金银财宝隐藏起来。几百年过去了，曾经的主人早已不知所终，而珍宝却依然光彩夺目。无数探宝者挖空心思想得到这些梦寐以求的财富。这些宝藏是如何被隐藏起来的，它们背后又有哪些离奇的故事和动人的传说？让我们一起遨游五大洲，去了解世界各地的宝藏之谜。

Part5 第五章

印度古庙宝藏

当工作人员进入地下密室时，他们顿时被这里的藏品惊得目瞪口呆，这里的珍宝不计其数，重量以吨来计。

2011年6月，印度宗教部门对喀拉拉邦的所有寺庙进行资产盘点时，在一个寺庙内发现了两个秘密地下室。这个寺庙至少有400年的历史，而这两个地下室有近140年没有被打开过。里面到底有什么东西？清查人员也认为这两个不起眼的地下室没什么特别之处，他们把两个密室分别编号A和B。当工作人员打开厚厚的石墙，沿着长长的通道进入A号地下室深处时，他们顿时被这里的藏品惊得目瞪口呆，简直不敢相信自己的眼睛：这是一个宝藏，一个真实的宝藏，而不是传说中神秘的宝藏。经过清查，A号密室内有1200多条金链，重3千克左右；1吨各类黄金制品，不计其数的钻石、珠宝和各种宝石；17千克重的古代金币；另有1吨重的金币、金饰；一只黄金铸成的小象，重达350千克……

❖ 印度古庙

印度迅速组织了由几百名警察组成的安保小队，在古庙周围竖起警戒标志。当完成所有清理工作时，人们被宝藏清单惊呆了，纷纷揣测这么多黄金珠宝值多少钱？《印度时报》连续关注并报道了A号密室

　　古庙藏宝究竟是何人所为？有人猜测是特拉凡科国王所为。古庙修建于 400 年前，当时这片区域归属于特拉凡科王国。当地一直流传着特拉凡科第 13 代君主（1855 年～1872 年在位）曾把大量财宝埋藏在某个古庙和密室中，此次发现宝藏的帕德马纳巴史瓦米庙应该是特拉凡科国王的藏宝地。

清理工作，请了"托拉斯"珠宝公司的鉴定师对这批宝藏进行估价：总价值可能超过 5 亿美元。

　　印度政府显得十分低调，负责清理工作的帕德曼班律师向媒体透露："鉴定师的估价标准是以珠宝、黄金的交易价格来计算的，这批宝藏中有很多制作精美的金链，非常古老的宝石和钻石。这些宝物年代久远，有的可以追溯到 17 世纪的东印度公司时期，不能简单地按市场价来估算，要等文物、考古部门的鉴定后才能得出实际价值。"

　　喀拉拉邦政府部门负责人贾亚库马尔更是夸张地宣称："毫不谦虚地说，A 号密室宝藏估值应在 5000 亿卢比。"按照 2011 年卢比对美元汇率，价值

❖ 印度古庙

为 110 亿美元。

◆ 印度古庙发现的金佛

以上宝藏还只是 A 号密室的藏宝情况，B 号密室仍处于警方高度警戒状态，所有清点工作正在有条不紊地进行，因此可以确信，未来还将有更多珍宝浮出水面，其中不乏价值连城的财宝，两个密室藏宝总价将是一个天文数字。

这一意外发现轰动了印度，全国上下都在谈论关于宝藏的秘密，甚至已经有人宣称要花高价购买其中一些工艺品。印度警方还为该寺安装了警报器和监控系统，增派了突击部队以防万一。

是谁藏匿了这些巨额宝藏？又是出于什么目的？从厚厚的石墙和无法打开的密室可以看出，主人根本就不打算使用，也不希望它们重见天日，只希望这些宝藏永埋地下。关于以上疑问，印度官方也无法给出具体解释。

◆ 印度古庙

Part5 第五章

海啸沉城

AOMIAO KEPU

一个位于牙买加的海港早在公元前 5 世纪就已有印第安人居住，16 世纪被西班牙占领后，更名为罗亚尔港，意思是皇家港口。

从罗亚尔港的名字即可看出，这是一个具有皇家背景的港口，是由忠于西班牙国王的殖民总督命名的。罗亚尔港举世闻名，以至于世人忘记了它的印第安名字，尽管新名称还不到 400 年。

16 世纪，西班牙成为海上强国，依靠坚船利炮控制了中南美洲许多地盘。贪婪的殖民者从原住民那里掠夺了大量金银财富，一船船地运回马德里，供皇室和贵族挥霍。此时的英国海军力量不及西班牙，南美被西、葡两国瓜分，很难插上一足，英国人心里很不平衡，只能眼睁睁地看着西班牙的运宝船从眼前驶过，嫉妒得牙根痒痒。

英国正面敌不过强大的西班牙海军，背后总免不了使个鬼心眼，玩个小聪明，经常怂恿一些臭名昭著的海盗抢夺西班牙运宝船，有时亲自出马，袭击、抢劫防御能力较弱的西班牙商船，尤其是刻有皇家标志的运宝船。

当时的西班牙船队往往在巴拿马装船，驶过墨西哥湾和加勒比海，然后向东驶往欧洲。这里大小岛屿甚

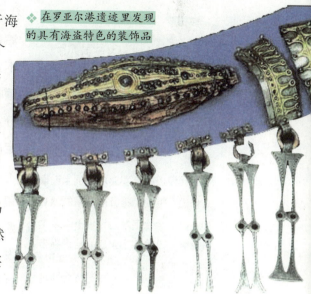

◆ 在罗亚尔港遗迹里发现的具有海盗特色的装饰品

多，是西班牙船队必经之路，也是海盗极佳藏身之地。1670 年，英国从西班牙手里夺过罗亚尔港的控制权，明目张胆地收纳、庇护各国海盗，并允许他们在港口从事销赃贸易。这里曾是人类史上最邪恶、最堕落的城市，也曾是金银最为集中的地方：海盗们将抢劫所得的金银珠宝全部运到此地，甚至船入港后都找不到工人卸货。海盗们可以放心大胆地上岸吃喝玩乐，而不用照看抢来的货物。因为这里遍地金银，最不值钱的也是金

❖ 行驶在罗亚尔港中的大型商船

银。别看罗亚尔港远离欧洲，但这里的奢华程度没有任何地方可以媲美，海盗们喝的是顶级法国红酒，用着英国最新的工业品，吃着瑞士和奥地利的食物……港口人口近 1 万，其中有 6800 多人是职业海盗。

也许是罗亚尔的罪恶太深，也许是上帝也看不惯这个城市的堕落，灾难终于降临到这个罪恶之城。1692 年 6 月 7 日，繁华热闹的罗亚尔港口一如既往，酒馆里人声鼎沸，港口水手忙碌着添加淡水，海盗们在销赃，讨价还价声不绝于耳，11 时 47 分，大地忽然开始颤抖，接着是剧烈的摇晃，人们惊骇万分，不知发生了什么。紧接着，惊魂未定的人们听到了震耳欲聋的轰鸣声，10 米高的巨浪翻滚过来，瞬间将热闹的小镇彻底摧毁。后来的研究表明，加勒比西部海域发生的地震为 8.1 级，地震引发的海啸浪高 8 米，淹没了城市 2/3 的区域。

知识小链接

和美国人发财梦不同，牙买加人认为罗亚尔港只属于历史，那些沉船和宝藏也是历史的一部分，政府不该允许这种挖宝行为。许多牙买加人愤慨地批评政府是在"挖祖坟"，称阿德默勒尔蒂公司为"当代海盗"。罗亚尔港沉宝勘察工作仍在继续，据目前透露的消息称，收获十分丰厚，但仍不知这个被海啸淹没的都市到底能给世界带来多少惊喜。

❖ 牙买加风光

　　从此牙买加岛再也没有罗亚尔港，海盗们也不再光顾这里，这里也不再是罪恶之城。200 年后，当有帆船路过，若海面风平浪静，依稀可以看见海底沉船和房屋建筑。又过了一百多年，10 米厚的泥沙覆盖了曾经的城市，人们再也看不到任何关于罗亚尔港的痕迹了。

❖ 牙买加海岸风光

　　1959 年，牙买加政府出于科考目的与著名考古学家罗伯特·马克思合作，寻找这个被海葬的城市。罗伯特·马克思找到了城市遗址，也挖出了许多珠宝和金银，其中一只怀表最让人无限感慨：表针定格在 11 点 47 分，正是在那一分钟内有近万人被大海吞噬。后来，罗伯特·马克思终止了和牙买加政府合作，不再挖宝。

　　1990 年，美国 AM 大学和牙

买加合作，在罗亚尔港淹没点进行科学考察。他们得出的报告称：罗伯特·马克思挖出的财宝只是所有财宝的1%，更多的宝藏依然沉睡在泥沙和海水里。

❖ 牙买加风光

1999 年，牙买加政府颁布禁令，禁止一切沉船考察和打捞行为。2004 年，牙买加收回禁令，特许一家美国打捞公司开赴罗亚尔港淹没点，继续从事勘察和挖宝工作。"海盗都城"以及那 300 艘古代沉船和船上宝藏也许很快将重见天日。

■ Part5 第五章

乾陵地宫宝藏

古代皇帝的墓被称为"陵"，其中乾陵最为特别，埋葬着夫妻两位帝王，一位是唐高宗，另一位是女皇武则天，最重要的这是一座从未被盗过的大型陵墓。

中国古代帝王即位之初就开始修建陵寝，往往动用几十万民夫，直到皇帝驾崩，修筑工作才停止。据史学家计算，修皇陵的费用和皇陵陪葬品往往占据封建王朝国库的 1/4！在位时间越久，国力越昌，陪葬品越丰厚。公元 649 年，一代英主唐太宗李世民驾崩，21 岁的太子李治登基，即唐高宗。从即位的第一年，李治就开始在长安的梁山上为自己修建陵墓。李治性格软弱，身体多病，常由他的宠妃武则天代理朝政，夫妇二人并称为"二圣"。655 年，武则天完全代替唐高宗理政，李治则躲在皇宫专心养病。683 年，李治去世后，武则天专权，废除唐国号，建立周，即位为皇帝，号则天女皇。

武则天用丰厚的陪葬品填满了李治的陵墓，封闭陵墓后，继续修建她的陵墓。705 年，理政 50 年，即位 15 年的武则天驾崩，根据她的意愿，中宗将女皇与高宗合葬，他们二人的陵墓合称"乾陵"。

❖ 乾陵

❖ 李治与武则天

自从高宗被埋入乾陵的第一天起，世人就对乾陵充满强烈的好奇：里面到底埋藏着多少宝藏？唐灭亡以后，陆续有许多盗墓贼妄图进入陵墓，大发横财。然而无论是民间小贼还是州官大盗，想尽一切办法也没找到墓道所在。黄巢起义攻入长安，为筹集军饷，动用 40 万大军挖墓，忙活了几个月也没能进入地宫，只得悻悻而退。

进入 20 世纪 70 年代，著名学者郭沫若曾建议开挖乾陵，但周恩来总理考虑到"文革"影响，没有签字，考古工作只得作罢。

乾陵历来被称为"皇陵之冠"，最吸引考古界的并不是其拥有的珍宝，而是它的地宫构造。根据相关文献记载，乾陵地宫的构造和长安城相仿，分内外几层，有上千个宫室。高宗夫妇执政 56 年，又是唐帝国蒸蒸日上、欣欣向荣的 56 年，追求奢华与享受的唐高宗和武则天一定在陵墓中存放了海量的珠宝。女皇生前喜欢和田玉，而且当时人们认为，玉棺材能防止尸体腐烂，武则天和高宗的棺椁一定是由重几十吨的和田玉

知识小链接

相传《兰亭集序》和《垂拱集》被埋乾陵，前者是人人皆知的"天下第一行书"，那《垂拱集》是何物？《垂拱集》是武则天模仿"书圣"王羲之的行书，记述了她如何从侍女成长为皇后，又即位为帝的过程，有宫廷日记的性质。另外，该书还记录了唐高宗、武则天时代的许多政治大事，是研究唐史的重要资料，是文化和艺术瑰宝。

做成的。

为什么以郭沫若为首的知识界渴望开启乾陵呢？原来唐高宗李治和武则天极爱书法，而当时唐朝的书法家浩若星辰，两位皇帝的陵墓里一定存放了大量的书法珍品，一旦这些极为珍贵的作品重见天日，知识界无疑大饱眼福。不要问地宫中有多少黄金白银，那是对这座皇陵价值的亵渎，相对于黄金，失传千年的古籍、精心雕琢的壁画、巧夺天工的建筑、价值连城的画册等才是无价之宝。郭沫若认为，失传千年的《垂拱集》和王羲之《兰亭集序》极有可能被埋在乾陵里。

乾陵历经 1300 多年仍坚如磐石，没人能找到墓道口，更没人能进入地宫。现代科技已经足够发达，能帮人们找到墓道口；大型器械也能轻松挖开沉睡千年的层层巨石，开发乾陵不存在任何技术困难。然而经过历史的教训，我国最终决定不开发乾陵，也许让高宗和女皇继续沉睡才是对乾陵最大的保护吧。

❖ 李治墓墓碑

❖ 乾陵司马道

Part5 第五章

南美史前人类隧道

拉姆夫妇给罗斯福总统带来一个令人吃惊的消息：经过一年多的秘密查找，他们发现了传说中神秘的南美地下隧道。

1942 年 3 月的某天，当时美国刚卷入二战不久，罗斯福总统每天日理万机，关注着美军在欧亚两个战场的事态。在这样忙碌的时刻，总统依然从宝贵的时间里抽出一个下午，接见了刚从墨西哥归来的拉姆夫妇。夫妻二人给总统带回一个令人吃惊的消息：他们发现了墨西哥地下隧道，以及守卫隧道入口的印第安人。

拉姆夫妇是何许人？他们为何要来向总统汇报？拉姆夫妇是美国著名的考古学家，专长是研究古印第安人和史前文明。早在一年前，罗斯福就秘密交给拉姆夫妇一项重要使命：寻找传说中的南美地下隧道，以及隧道内的史前文明和无尽宝藏。原来罗斯福获得重要情报：希特勒正在组织科学家制造多种神秘武器。为应对纳粹德国的挑战，美国也正在开发各种新武器，为加快进度，美国希望找到一些史前文明，通过破解他们的秘密以提高美国的科技水平，一举击败纳粹德国和日本。传说中的美洲地下通道，以及隧道内许多匪夷所思的图腾自然吸引着罗斯福总统。

拉姆夫妇回忆道：当他们穿过一个印第安

❖ 罗斯福

科学家均认为南美地下隧道属于史前文明，但有一部分人认为是一种"地鼠人"挖掘了这些隧道。1994 年，墨西哥城因街道塌陷，在污水渠中发现了 3 个被压死的"地鼠人"。据称，这些地鼠人身材矮小，高约 90 厘米，四肢敏捷，适合在洞穴内行走活动。

人居住的密林时，被当地人包围。印第安人满怀敌意，怒目相视，警示他们尽快离开。拉姆的向导上前搭话，缓和了紧张气氛，然后从酋长那里得知他们是古玛雅人后裔，世代居住在这片与世隔绝的密林中，守护着这片圣地，不准外人进入。印第安人所称的圣地就是地下隧道的入口处，据说这些隧道通向美洲任何地方，里面有无数珍宝以及史前文明石刻。

罗斯福总统对拉姆夫妇的发现秘而不宣，但 4 年后英国科学家兼文学家威尔金斯出版了一本《远古南美洲之谜》，书中揭秘了史前人类开辟的地下长廊，这些隧道首尾相接，像渔网一样纵横交错，将五大洲纵贯一起。威尔金斯最后认为：地球内部曾出现过"地下世界"，也许至今仍存在着。科学家的观点是建立在南美洲隧道的科考结果上，现实与想象相结合而得出的结论，有理有据，令人遐想。

其实，自从 17 世纪西班牙殖民者进入这片大陆，就有许多西方人发现过地下隧道。比如一位传教士在危地马拉发现过一条隧道，这条隧道长度不可思议，连续进入几次都没走到头；又有一位犹太人在危地马拉西部发现过一条隧道，隧道通向墨西哥方向，也无尽头；有人在古印加帝国首都库斯科发现过一条隧道，这条隧道北通利马，南通玻利维亚。这些隧道皆位于安第斯山脉地下，连绵可达上万米。20 世纪 60 年代，秘鲁政府为了保护这些史前文明遗址，将隧道入口封闭，以待科技足够发达，再对之进行研究。

1965 年 6 月，阿根廷考古学者胡安·莫

◆ 罗斯福

里斯在厄瓜多尔偶然发现了一条庞大的隧道，从中发现了无数金光灿烂的艺术品，有王冠、权杖、金项链和精美陶器，这些金银器都镶嵌着耀眼的宝石和晶莹剔透的玉。当世人看到这些文物时，简直不敢相信它们来自地下。胡安勘察了其中 400 多千米的隧道，从中发现了许多现代科技无法解释的现象：比如黄金

❖ 史前南美的地下隧道

制成的飞机模型、地球仪，以及宇航员雕塑等，其中有一个用金箔编制的书籍，96 厘米 ×48 厘米，书中全是古怪的文字和符号，至今无人破解其含义。更令人惊奇的是这些文字和符号不像是手工刻制的，更像是印上去的；隧道内有刻有各种动物的壁画，其中最令科学家不解的是洞内居然有一幅壁画是描绘恐龙的。胡安得出结论，这些位于地下 240 米的隧道设计极为复杂，工程极为浩大，属史前文明无疑，长度可能超过 4000 千米，只是人们尚未探知这些隧道通向何方。

胡安直到 4 年后才将所见所闻汇报给厄瓜多尔总统，总统授权他有权继续调研这些隧道，但所有的文物和珍宝归国家所有。

在距今 6000 ～ 11,000 年的史前时代，是什么人建造了规模如此宏大的隧道？又是什么人留下了这些宝藏？如此长、如此深的隧道难道不怕被地震毁坏、地下水淹没吗？史前人们是如何知道飞机、宇航员的，又怎会知道地球是圆的？史前人类真的见过恐龙吗？太多的疑惑，太多的想不通，太多的不可思议，也许以人类目前的科技、认知和智慧还不足以回答这些问题。

❖ 史前南美的地下隧道

Part5 第五章

神秘的**玛雅**"圣井"

每逢干旱季节，玛雅人就以为是圣井里的水神发怒了，为平息水神，部落酋长将美丽少女从祭祀台扔进圣井。

神秘的玛雅人在西班牙人进入美洲之前是一群有着高度文明的部落，其政治体制属于宗教至上的半原始半奴隶的性质。玛雅人一方面拥有高度发达的文明，令人费解的科技，一方面又对神灵深信不疑，甚至显得十分愚昧。在墨西哥东部有一个名叫尤卡坦的半岛，这里荒无人烟，几百年来从未有人居住，但却有许多考古学家、探险家来过此地，他们是想揭秘那口神秘的"圣井"，并希望从中捞点宝贝。

早在1600年前，这里就有玛雅人在此居住，并创造了灿烂的文化。有一座名叫伊扎的城市就是玛雅人的居住地，"伊扎"在玛雅语言中是"水之出口"的意思，意指这个城市的一口天然水井。说是水井，更

1987年，一个名叫丹尼尔的法国探险家历经九死一生，找到了神庙和"圣井"，但没有拿走任何珍宝。一个黑手党头目开价百万美元要购买"圣井"秘密，丹尼尔拒绝后被绑架。威逼之下，他只得带领6名黑帮成员去寻找"圣井"。丹尼尔想方设法逃脱时身中数枪，那6名黑帮成员被淹死。几年后，丹尼尔的遗骸和他的日记被发现，世人才知道这一惊心动魄的一幕。

▲ 玛雅"圣井"

像是一个天然深水池，直径 60 余米，深 70 米，水容量约 7 万立方米。水池位于地势稍高的山坡，附近是郁郁葱葱的密林，为水池提供了充沛的水量，这个城市的农业灌溉、生活用水皆来自于此，因此被称为"圣井"。

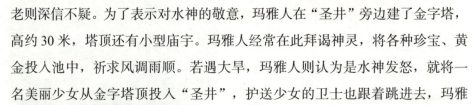

❖ 玛雅图腾

听说过西门豹故事的人都知道"河伯娶妻"的荒诞把戏，万里之外的玛雅人也同样上演着此闹剧。不过有所不同的是，中国古代女巫是装神弄鬼骗财，而玛雅长老则深信不疑。为了表示对水神的敬意，玛雅人在"圣井"旁边建了金字塔，高约 30 米，塔顶还有小型庙宇。玛雅人经常在此拜谒神灵，将各种珍宝、黄金投入池中，祈求风调雨顺。若遇大旱，玛雅人则认为是水神发怒，就将一名美丽少女从金字塔顶投入"圣井"，护送少女的卫士也跟着跳进去，玛雅人在酋长的带领下，虔诚地将黄金、珍宝、玉盘从祭祀塔扔进湖里。玛雅人认为：水神收到财宝和新娘子，将会保佑他们风调雨顺。

这种残忍的祭祀风俗直到西班牙人的到来才被终止——并不是西班牙人怜悯玛雅少女，而是他们抢夺了玛雅人的黄金、珍宝。

玛雅帝国灭亡，尤卡坦半岛被西班牙人占领，伊扎也渐渐被荒草湮灭，但"圣井"的传说却被西班牙牧师记载了下来。他说："这个古老的国家一定有财宝和黄金，显然都被投入到这口井里了。"

牧师记载的"圣井"故事被一个名叫爱德华

❖ 玛雅文化

的英国人看到了，他深信这口井里一定有财宝，于是跟随葡萄牙货船远渡重洋来到尤卡坦半岛对"圣井"进行挖掘。这次挖掘没让爱德华失望：几十厘米淤泥的下面是无数的黄金制品和几百件精美的玉器，当然还有几十具尸骨，是那些含冤水底的少女和卫士们的遗骸。

◆ 玛雅文化

爱德华的发现还不只这些，他还在金字塔顶的神庙里发现了一个20米左右深的石洞。原来这个金字塔是空心的，里面有无数精美石雕和玉石花瓶，以及用珍珠制成的腕链和项链。

爱德华满载而归，把这些战利品作为文物运回英国。1903年，他把这些东西公之于众，向英国人介绍了伟大的玛雅文明，当然也揭露了文明背后的黑暗和愚昧的一面。

圣殿骑士藏宝下落

"圣殿骑士"成立之初的主要职责是保护前往耶路撒冷的朝圣者，但后来该组织快速膨胀，成为一只强悍的军事力量。

1099 年，欧洲宗教团体组织的十字军东征攻占了耶路撒冷，百万基督教徒欣喜若狂，不远万里长途跋涉前去朝圣。但路上经常遭遇强盗，也有穆斯林骑兵不时侵扰，很多朝圣者被屠杀。20 年后，两位曾参加过十字军东征的战士提议组建一个"修士会"，以保护朝圣者。耶路撒冷国王同意，并把阿克萨清真寺作为"修士会"的总部。据说该寺是建在以色列先知所罗门王的圣殿废墟上，故该寺也被称为"圣殿清真寺"，修士会成员被称为"圣殿骑士"。

修士会最初成员只有 9 人，是一群自称"所罗门和基督贫苦骑士"的人，依靠基督信徒捐助钱财维持生活。起初，修士会的确很贫困，甘于清贫，有着崇高的信仰，但后来随着基督教的影响逐渐扩大，修士会接收的捐助越来越多，财富像雪球一样越滚越大。比如安茹伯爵，是位虔诚的基督徒，每年捐赠 30 磅白银；香巴尼伯

圣殿骑士团宝藏

知识小链接

圣殿骑士曾经是欧洲中世纪的英雄，被王公贵族子弟们视为偶像，并趋之若鹜。骑士团有个荒唐的规定：所有成员加入前要签署协议，将所有财产捐给教团，誓死效忠圣神基督，永远保持清贫生活，必须剪发、留须，战斗中绝不可退却。修士会对欧洲影响深远，他们建造了哥特式教堂、巴黎圣母院，他们的舰队首先使用航海罗盘，创建了世界上第一个银行系统等。

爵自愿放弃百万家财以变成贫民加入修士会。这些大人物们的行为立刻带动更多人支持修士会，其成员一度达到2万人。

"圣殿骑士"起初的主要职责是保护朝圣者，但后来随着军事力量的增强，行为逐渐越界，开始频繁抢劫欧洲贸易车队，也攻伐西亚一些穆斯林王国。他们抢劫和攻伐只有一个目的：抢夺财宝、勒索金银，并以此作为"圣殿骑士"的活动经费。在圣殿骑士团存在的200年时间里，修士会迅速聚集了巨额财富，资产遍布整个欧洲，其中包括上千座城堡。

修士会一边发动基督信徒募捐，一边从事银行和商业活动，鼎盛之时，他们一度掌握了东西方之间的贸易，英法两国的君主曾将皇家御库交由修士会管理，以期升值。修士会成员在欧洲金融圈内声名显赫，影响巨大。

圣殿骑士团也是欧洲战斗力最强的武装力量，骑兵部队所向披靡，战无不胜。圣殿骑士的不败金身终于被另一支更强大的对手蒙古大军打破。1241年，蒙古大军在拔都的带领下西征，在瓦斯达，圣殿骑士团几乎全军覆没。惊恐的大首领写给法国国王的信中绝望地说："欧洲没有任何军事力量能阻挡蒙古铁骑的入侵……"骑士团一蹶不振，纷纷往西撤，开始专心经营西欧和中欧的事业。

圣殿骑士团神秘宝藏埋藏地

大量的财富没有让骑士团继续壮大，反而成了其快速灭亡的罪魁祸首。修士会拥有的财宝很快吸引了一群贪婪的人，其中包括法国国王腓力四世。1307年10月13日，星期五，腓力四世下令迅速逮捕全国的圣殿骑士，并限制他们转移任何财产。

❖ 圣殿骑士团

这一举动毫无征兆，法国的圣殿骑士被全部下狱，审问官为追查圣殿骑士的财宝下落，对他们严刑逼供，很多人惨死于狱中。1312年，法国和欧洲多国通过协商，决定取缔或改组"圣殿骑士团"。

腓力四世原以为只要控制了骑士团成员，就能将他们的财宝据为己有，没想到所有财宝在国王下逮捕令之前，早已被藏匿起来了。这批宝藏究竟下落何处，众说纷纭，有人说骑士团首领莫莱买通了狱卒，将藏宝地告诉了他的侄子；有人说这批宝藏依然存放在法国南部的一个城堡中……总之，没人知道这批财宝的准确位置。不过可以确定的是，这批财宝绝非只有一处，它可能被骑士们拆分成几份，分别存放于秘密场所，只有极少数圣殿骑士核心

圣殿山（又称锡安山、神庙山或摩利亚山）是耶路撒冷最有名的地方

人物知晓，他们用一种特殊符号和神奇的秘术记载了相关信息，制定了严格的纪律，在骑士团内部代代相传，外人无从得知。

Part5 第五章

霍克森钱币之谜

若没有这些出土的钱币，萨福克郡的霍克森村和村民们也许将永远默默无闻，过着与世无争的日子。

霍克森是英国萨福克郡的一个不起眼的小村，这里和所有英国乡村一样，四周宁静，冷冷清清，村民们和他们的祖先一样世代务农，过着与世无争的生活。艾瑞克·劳斯是村上一位普通农夫，1992年11月，他计划赶在圣诞节前把住宅整修一新，为此特地叫来几位亲朋和邻居帮忙。

装修工程很简单，几天就结束了。朋友和邻居散后的第二天，一位邻居特来询问劳斯，他的一个大锤子不见了，是否依然在劳斯家。送走邻居后，劳斯开始在院子内、屋子里寻找锤子，找了半天也不见锤子的影子。

"可能是挖土的时候不小心被埋在地下了。"劳斯心想，于是专门到镇上买了一种简单的金属探测器，继续寻找。

当探测器探寻到院子一个偏僻的角落时，忽然警报响起，"感谢上帝！原来它真的被埋在院子里了。"劳斯内心一阵喜悦，立刻用铁锹挖起来，可是挖了70厘米左右后依然没有看见锤子。劳斯有点失望，再次用探测器确认，结果探测器警报声更大了。"见鬼，还得继续挖。"

◆ 古罗马钱币

❖ 霍克森古币

劳斯只得继续在原地挖。接近中午，他已经挖了约 1.5 米深，忽然铁锹带出的泥土中有一个银币蹦了出来。劳斯拿起银币仔细一看，上面是古罗马帝王雕塑，他心里一激动，立即继续深挖，接下来的一幕永远铭记在劳斯的脑海——他面前是一大堆古罗马金银币和许多银制工艺品和餐具。"我的上帝，这是一座古代藏宝地！"诚实的劳斯心跳加速，立刻给萨福克郡的文物部门打电话。

知识小链接

霍克森小村出土的宝藏被英国大不列颠博物馆收藏，作为报酬，博物馆付给农夫劳斯 125 万英镑。尽管这些钱和价值连城的宝藏无法相比，但劳斯很知足，他说："就算一个便士也没有，我也会上报政府的！"这个小村因发现宝藏而声名鹊起，很多人拿着探测器涌入小村寻宝，竟意外带动了当地旅游业，金属探测器居然成了畅销物品。

文物部门的挖掘和鉴定人员迅速赶到现场，同时，附近警察也接到命令，前往当地执行保护工作。经过一整天的挖掘，劳斯家院子下的宝藏被全部挖出，埋藏于地下近 1500 年的宝贝得以重见天日。

鉴定专家经过清理后确认，此批宝藏共 565 枚金币、14,191 枚银币、24 枚铜币和数件工艺品，以及几件首饰和 250 千克金块。金银币全是古罗马时期

❖ 古罗马金币

的流通货币，分别出自于 13 家铸币厂，时间相差 50 多年。这些金币保存良好，时隔这么多年依然金光闪闪。在意大利文物市场，这种金币极为罕见，而且价格高得惊人，此次一下挖出 565 枚金币，其价值不可估量。

11 月 18 日，萨福克郡将所有出土文物押送到英国大不列颠博物馆，交由众多世界一流的考古专家进行甄别鉴定。学者们研究后认为，这次挖掘是出土古罗马钱币最多的一次发现，也是英国考古史上最重要的发现之一。经过进一步清理，这些文物被安放在一个特别展厅，供世界各国游人参观。

这些沉睡千年的宝藏引起世人的广泛热议和猜测：财宝的主人为何要把这些金银埋藏起来？是希望日后挖出使用呢，还是因为主人突遭剧变，仓皇之间来不及挖出藏宝？抑或这里是富豪之家的储藏室，被主人遗忘于此。这只是人们的猜测而已，由于宝藏除了金银外别无他物，不能提供任何有价值的信息，故此无法推断出这批宝藏主人的身份。

❖ 古罗马建筑

法兰西地下迷宫宝藏

有人研究了这些错综复杂的地道后认为，夏朗德居民修筑地道是为了表达对宗教的虔诚，也有人认为地道仅仅是用来藏宝的。

夏朗德位于法国西南部，是一座历史悠久的小镇，现有居民1万多人。这座貌不惊人的小城地下是纵横交错的隧道，其设计之精妙、网道之复杂丝毫不亚于任何迷宫。这些隧道大多与地上建筑相通，有些与城外的城堡连接，有些隧道和城内的教堂、修道院相通，有的则与居民的庄园、住宅相通，地下部分又相互连接，彼此互通。整个小城隧道覆盖面积约17平方千米，总长约20多千米，高有2.5米，宽1.5米，足够让一名骑士骑着大马自由奔驰。位于中国河北的冉庄也有地下通道，那是战争时期为了抵抗日本侵略者而修建的。但夏朗德隧道却令人迷惑不解，自从发现它的第一天，就有人在猜测是什么人建了如此庞大的地下隧道？又建于什么时候？修建隧道的目的又是什么？

据说最先发现地下迷宫的是一位名叫克莱蒙的牧羊人。1562年，这个年轻人为了躲避新教派的迫害，慌不择路，躲进了夏朗德小镇附近的一个山洞。这个山洞居然一直往里延伸，克莱蒙就顺着地道一直往前走，两天后，他从距夏朗

❖ 夏朗德

德 4 千米的地方钻了出来。原来这里是另外一个出口，位置极为隐蔽，离入口处有 7.5 千米。事后，克莱蒙对夏朗德的市民们说，地道里居然有两个教堂，一大一小，可能属于城中两个不同的修道院。

夏朗德居民大为吃惊，怎么从没留意过脚下的这片土地下有如此多的秘密呢。后来又有人发现，从夏朗德的一个庄园的谷仓入口处可以进入隧道，直通一个修道院，也可以进入修道院的 8 个教堂；朝另一个方向走，可以进入 1 个小教堂，继续前进后就到达一个山洞出口；在山洞口还有一个入口，可直抵地下大教堂。大教堂附近又有数个通道，却不知通向哪里。

根据克莱蒙的回忆，这个神秘的地下隧道网里有许多财宝，大多与宗教有关，比如枝形大烛台、银餐具、金盘子等，还有无数价值不菲的宗教圣物。据相关资料显示，夏朗德地区有个修道院曾修筑过一条地下通道，能直达城中任何一个教堂和修道院。如果真如资料描述的那样，那么这座地下迷宫里一定埋藏了无数的珍宝，这些珍宝应是虔诚的信徒们捐献给教堂和修道院的，前后可能历时几百年。可惜，修道院遭受过灭顶之灾，没有一个人存活下来，这批珍宝和圣物的藏身地成了千古之谜。

知识小链接

一位夏朗德居民称，他幼时曾跟着父亲在隧道里走了几千米，隧道似乎永无尽头，直到遇到一段塌方。父亲辨认后认为这里很可能是宝藏发现地，盗宝人触动机关，葬身于此。夏朗德小镇的人们普遍相信这一看法，许多人慕名而来，希望一探究竟，但房主拒绝任何来访者，探索只得作罢。

❖ 夏朗德

❖ 夏朗德在法国的位置

有人在考察过地下迷宫后认为，这些隧道修建于15~16世纪，距今不足500年，修建目的是出自对宗教的虔诚，表明信徒们不但在地上，而且在地下也恭敬上帝和神明，渴望得到上天的眷顾。也有人认为修建迷宫只是为了藏宝，除此之外别无他用。还有人认为这些隧道是用来对付强盗的，这点倒类似于中国的"地道战"。每一种说法都看似合理，但又都经不起推敲之处，目前为止仍无定论。

400多年来，人们纷纷猜测地下迷宫的秘密：神秘的地下长廊工程浩大，是如何建造的？"法兰西迷宫"难道真的是用来藏宝的吗？如真有珍宝，被埋在哪里，价值几何？许多的困惑像无解之谜，困扰着每一位好奇者，也吸引着科学家继续深入研究探索。

❖ 夏朗德

Part5 第五章

沙皇的钻石库

世上每一位女人都爱钻石，但最爱钻石的女人莫过于叶卡捷琳娜二世了，她对钻石的痴迷近乎疯狂。

1709 年，沙皇彼得大帝曾颁布一道命令：俄罗斯臣民不得随便出售家中的金银首饰和贵重珠宝，若钻石和珠宝分量足够大，必须卖给皇家。这个奇怪的规定可算是历史上绝无仅有。彼得大帝热衷于各种珍宝，为此在世界范围内广泛搜集，数年间搜集了各种奇珍异宝。一些东欧小国的君主、伯爵听闻彼得大帝有此嗜好，纷纷拿出本国最好的珍宝，献媚似的送给这位沙皇，希冀得到沙俄庇护或免遭侵略。

知识小链接

一颗大钻石的价格已经令人咋舌，那么几千颗钻石价值会是多么巨大阿！1762 年，俄国宫廷顶级珠宝匠为即将加冕的叶卡捷琳娜二世制作了一顶大皇冠，上面镶嵌了十几颗大钻石和 4900 多颗小钻石，大钻石分别摘自于欧洲各国国王的王冠。值得一提的是，皇冠上最重的一颗是 398 克拉的尖晶石，是俄国人花了 2672 金卢布从清朝购买的。

为管理这些珠宝，彼得大帝在圣彼得堡专门修建了一座神秘的建筑，类似于藏宝阁，他将收集到的珍宝，连同各国的贡品全部放入其中，被世人称为"沙皇的钻石库"。

彼得大帝之后的另一位政治强人也是一位爱好搜集钻石的沙皇，即叶卡捷琳娜二世。为了显示她女皇崇高的地位与无上的荣耀，她每天都要佩戴各种

◈ 彼得一世大帝画像

价值连城的钻石，而且钻饰繁多，绝不重样。她对钻石加工的各个环节要求极高，无论切割还是镶嵌，都要求是全俄国甚至全世界最好的。这一时期，俄国涌现了许多世界顶级的钻石切割专家和镶嵌巧匠，他们的作品至今仍是各大拍卖行竞相追捧的对象。

❖ 叶卡捷琳娜二世

有一次，一个皇宫卫士见款款而来的女皇佩戴着晶莹闪耀的钻石，雍容华贵，光彩夺目，壮着胆子赞美了一句："真是太美了，您的光彩让太阳为之羞愧。"不知是赞美钻石，还是赞美女皇，总之叶卡捷琳娜二世龙颜大悦，立刻把他提升为侍卫队长。各级官吏显然从中受到启发，把赞美女皇和向女皇进献钻石当作升官捷径。1769 年，女皇 40 岁生日，宫廷接待处收到欧洲各国君主送来的贺信和礼品，加上俄国官员送的生日礼物，一共 1 万多件，其

❖ 康斯坦丁·阿克汤姆斯基于 18 世纪绘制的水彩圣彼得堡东宫

中超过一半是各种各样的钻石。女皇佩戴的饰品镶嵌着钻石，日常用品也不例外，意大利梳妆台、奥地利书桌、瑞士座钟表……最吸引人的要数一本有200多年历史的《圣经》，女皇命手艺高超的银匠制作了封面，镶嵌了3000多颗钻石。女皇最著名的一颗钻石名为"奥尔洛夫"，是一位伯爵的名字，这颗钻石的经历十分复杂，最终辗转落入叶卡捷琳娜二世之手。

17世纪初，印度戈尔康达地区发现了一粒重达309克拉的巨大钻石原石，后被进贡给印度国王。国王命钻石加工专家把它定制成玫瑰花形状，但受限于切割技术，不仅未能如愿，还损失了许多原石，钻石降为189.62克拉。波斯征服印度后，这颗钻石又落入波斯国王之手，被镶嵌在国王宝座上，后来钻石被侍卫盗走，落入一亚美尼亚商人之手。商人把钻石存放于一家银行，5年后卖给一个俄罗斯珠宝匠伊万。伊万又以40万卢布的天价卖给奥尔洛夫伯爵，伯爵以他的名字命名钻石，并把它作为生日礼物献给女皇。

"沙皇的钻石库"除了"奥尔洛夫"外，还有"保罗一世""波斯沙皇""沙赫"等著名钻石。经俄国几代王室不停地收集，"沙皇的钻石库"成为全世界最珍贵钻石的聚集地。1914年，第一次世界大战时，尼古拉一世为了安全起见，将钻石库转移到后方——克里姆林宫，转移过程中有很大一部分钻石被盗，流落民间，剩余的宝石被存放于克里姆林宫地下室。8年后，苏联政权打开了尘封已久的地下室，清点了所有钻石，共计25,300克拉钻石、2600克拉小粒蓝宝石、1700克拉大粒蓝宝石，及大量红宝石和几百颗精美珍珠。

◆ 冬宫是俄罗斯著名皇宫，同时也是世界上最大最古老的博物馆之一。它最早就是叶卡捷琳娜二世女皇的私人收藏馆。

Part5 第五章

末代国王陪葬宝藏

英国人的意图很明显：一是想控制住国王，借此进一步控制马塔贝勒王朝；二是想得到国王带走的财宝。

16世纪，欧洲殖民者四处侵占地盘，在世界各大洲掠夺财富，亚、非、拉三大洲的人民遭受了无尽劫难。位于非洲东南部的马塔贝莱高原是非洲古代文明的发祥地之一，即今天的津巴布韦境内。罗本古拉是马塔贝勒王朝的最后一个国王，也是一位昏庸无能的末世君主。

19世纪，英国殖民者踏上这块土地，立刻被这里丰富的矿藏吸引。罗本古拉以非洲人特有的热情接待了这些来自远方的嘉宾，英国人送上丰厚的礼品和各种稀奇古怪的玩意儿，作为回报，国王允许他们在这里从事勘探和挖矿。

根据协议，英国人将付给国王部分现金，罗本古拉也一直认为他和欧洲人的交易是平等的。但很快国王就发现，这些欧洲人的贪欲简直是无底洞，他们和当地贵族相互勾结，想方设法对马塔贝勒王朝的财宝进行疯狂掠夺。矛盾终于在1893年爆发，殖民者和当地土著人爆发了战争，英国人罗斯显然是受到西班牙人控制印加帝国皇帝这一历史的启发，想乘机把罗本古拉软禁起来，以此相要挟勒索钱财。但机警的国王在英国人实施

❖ **津巴布韦**

178

这一阴谋前就有所察觉，带着他搜集多年的各类珍宝，乘着马车出逃，开始了艰难的求生之路。跟随他一起出逃的有 1 个巫师、1 个顾问、9 名妻子和一个几百人的卫队。国王一行往西南走，他们想找到新的栖息地，避开英国人的骚扰。

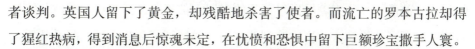

❖ 津巴布韦

毕竟罗本古拉带着让英国人魂牵梦绕的巨额财宝，殖民者始终不肯放过他，不断派出小股部队尾随袭击流亡车队。罗本古拉对英国人的骚扰烦不胜烦，就派出一名使者携带 50 千克的黄金去和殖民者谈判。英国人留下了黄金，却残酷地杀害了使者。而流亡的罗本古拉却得了猩红热病，得到消息后惊魂未定，在忧愤和恐惧中留下巨额珍宝撒手人寰。

随行的巫师按马塔贝勒人风俗，将国王留下的珍宝作为陪葬品一起埋入墓穴，然后杀害了所有参与挖墓、埋葬工作的奴隶，并将其作为殉葬者埋在国王墓周围，继续守护罗本古拉的灵魂。巫师绕着国王埋葬地念念有词，对墓穴和宝藏下了诅咒，那些胆敢进入墓穴的人将遭受不幸。参与守卫工作的士兵们被巫师带到一个指定地方，被国王所在的部落成员们杀死，知道墓葬位置的只有巫师一个人。

在寻找罗本古拉宝藏的过程中，有一位名叫李波尔特的英国人可谓历经艰险、百折不挠，大有"不达黄河不死心"的架势。罗本古拉死后十几年，李波尔特在审查德国档案时发现了一个草图，上面标记着一些神秘符号，直觉告诉他这张纸绝不简单，但苦于没有更多线索，只得将草图收好。

一战中，李波尔特在审问两名德国非洲雇佣兵时，无意间得知他们曾跟随德国人到

❖ 津巴布韦

过罗本古拉最后待过的地方。李波尔特心头一震，立刻意识到10年前得到的草图一定和末代国王的宝藏有关！李波尔特找到了那位巫师的儿子，把他关进监狱，希望撬开他的嘴，获知藏宝地点。但巫师之子装疯卖傻，誓死不说，被一个传教士搭救后下落不明。

在以后的几年内，李波尔特搜遍了所有档案，终于解开了藏宝图所有秘密，再次进入非洲寻宝。他在当地雇用了几十人，可当这些黑人知道他的目的后，全部溜了——土著居民对巫师的诅咒深信不疑。两年后，李波尔特从西非又雇用了一批黑人，再次来到藏宝地，并挖到了部分骨骸。眼看就要挖到宝藏，可这批黑人接连遭遇不幸，说什么也不想干了，李波尔特只得再次放弃。3年后，李波尔特准备了护身符和魔法咒语再次回到这里，但挖掘时出现塌方，砸死了10个人，本不信鬼神和咒语之说的李波尔特十分恐惧，加上他本身就有心脏病，又连发高烧，挖掘工作再次中断。

当李波尔特再次去寻宝时，末代国王的宝藏早已公之于众，世人皆知，还没有挖出珍宝，各国、各方面均声称拥有这份宝藏。

李波尔特官司缠身，心灰意冷，开始相信那些神秘咒语，不再挖掘，并雇人将已经挖好的沟壕填平，尽量恢复原来模样。尽管后来又有各国的探宝者抱着发财的梦想进入那片土地，但再也没有人找到过藏宝地，那些巨额珍宝和末代国王一起永远长眠于地下。

❖ 马塔贝莱高原

Part5 第五章

塞提一世墓室宝藏

塞提一世是古埃及第 19 王朝的法老，统治埃及 20 年，是埃及史上最伟大的法老之一，其功绩仅次于他的儿子拉美西斯二世。

新的法老一即位，即开始修建自己的陵墓，这种方锥形的高大建筑就是金字塔。金字塔用巨石搭建而成，是古埃及人智慧与勤劳的象征。公元前 14 世纪，塞提一世刚即位就像他的先辈们一样，大规模修建自己的陵墓。不过他的陵墓并不是金字塔，而是在悬崖峭壁底下开凿的墓室。开凿工作一直持续了 20 年，直到他去世。据后世研究，塞提一世和他的儿子拉美西斯二世统治

❖ 塞提一世

知识小链接

1922 年 11 月，埃及第 18 王朝图坦卡蒙法老墓室被打开，举世震惊。考古工作者先后耗时 10 年才将所有文物清理完毕，并运到埃及开罗博物馆。与海量文物同时出土的还有墓门上刻着的一句话，经过专家的破译，原来是一句令人毛骨悚然的咒语："谁打扰了法老的宁静，死神之翼将降临他头上。"这就是著名的"法老的咒语"。

的 40 多年，是古代埃及史上最富有、最辉煌的一段时期。这期间，塞提一世的帝国聚集了大量财富，从而有能力大兴土木，建了许多神庙、圣所和王宫等，其中最有名的当属阿蒙神庙，是所有埃及神庙中最非凡的一座，历经两代才竣工，是古埃及建筑史上的奇迹。塞提一世还大力发展军备，花巨资扩

军，一举夺回被叙利亚和巴比伦夺取的失地。埃及大军所过之处，尽夺该地财宝，将周围各国的王室、宫殿洗劫一空。短短十几年，塞提一世积累了大量的珍宝。

❖ 阿蒙神庙

古埃及人是相信来世的，这也是他们发明木乃伊的初衷：人的灵魂将重新回到人世，会依附到躯体上，为此必须要保证肉身不会腐烂。古今中外的统治者们是如此相像，无不相信死后会继续统治另外一个世界。为了满足他们的私心和贪欲，多少帝王将无数的金银财宝一起埋入陵墓。塞提一世也不例外，他死后不仅有大批奴隶被杀殉葬，还有无数的珍宝作为陪葬品被埋入帝王谷峭壁墓室。

1817年，意大利人贝尔佐尼来到开罗以南700千米处的尼罗河西岸，这里是一片石灰岩峡谷，荒无人烟。凭借多年的挖宝经验，这个意大利人居然奇迹般地打开了塞提一世的墓穴。让贝尔佐尼失望的是，这里除了法老的石棺外，空无一物，显然已经有盗墓者光顾过。贝尔佐尼只好将法老的空石棺运回欧洲。

贝尔佐尼百密一疏，以至于功亏一篑，他忽略了古代人的智慧，他所看到的墓室不过是塞提一世的障眼法，是一座专门为防盗而修建的假墓。不过塞提一世的木乃伊50多年后还是被人们找到，阿拉伯穆罕默德兄弟盗走了多具木乃伊，其中一个就属于塞提一世。

❖ 塞提一世的木乃伊

1881年，穆罕默德兄弟被捕，所得木乃伊被埃及开罗博物馆收回。又过了80年，穆罕默德的重孙阿里·穆罕默德在整理曾祖遗留的盗墓日记时发现了一个重要线索：塞提一世的密室在通道的另一侧，被巨石堵死，并未被盗。1960 年，阿里·穆罕默德将这个秘密报告给埃及相关部门，建议政府发掘塞提一世的宝藏。

埃及政府批准开发申请，在考古学家哈菲兹的主持下，挖掘工作进展顺利。但挖了 200 米长的隧道时，忽然被一巨石挡道。在狭窄的隧道内根本无法撬开巨石，也无法使用大功率钻头，更不能使用高爆炸药，那样会炸毁现有隧道，还可能引发山体塌方，将墓室压在山底。

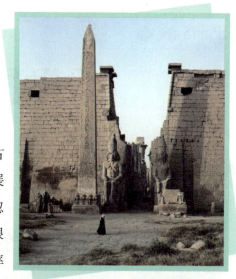

❖ 阿蒙神庙

埃及政府缩减了考古预算，挖掘工作最后不了了之，探宝工程也半途而废。这个巨石引起考古工作者的猜测：巨石后面果真是塞提一世的藏宝密室吗？这些巨石是工匠们有意为之，用来封死墓室的吗？沉睡了 3000 多年的宝藏是否依旧灿烂，也许根本就不存在塞提一世的宝藏？总之，所有谜团的破解随着埃及终止考古工作戛然而止。

不过埃及官方始终相信，塞提一世作为最富有的国王，陪葬品之丰厚一定超乎想象，而且还有很多古埃及时期文物。我们相信这些文物和财宝终将重见天日，绽放它们昔日的光辉。

Part5 第五章

大顺国的宝藏

李自成可以说是中国历史上最具传奇色彩的农民起义军首领。年少时家贫，他给地主家放过羊，后来做过驿站的驿卒（相当于政府招待所服务员），因明朝进行机构精简，被"裁员"失去了生活来源，最后被逼造反，投靠了闯王高迎祥，以过人的谋略和胆识受到高迎祥的赏识。

在高迎祥战死后，李自成使用高迎祥"闯王"的名号，带领起义军攻城拔寨。李自成势力越来越大，自然成为明朝重点的打击对象。李自成曾两次被明朝军队逼入绝境，甚至成为孤家寡人。但最终李自成走出困境，在河南打出"均田免赋"的口号，迅速拥有百万之众，所到之处，百姓夹道欢迎。1644年正月，李自成建立大顺国，定都西安，随后亲率大军渡过黄河，威逼明朝首都北京。

当李自成的军队攻破城门，进入北京时，明朝最后一位皇帝崇祯自杀了，明朝灭亡。李自成从一个放羊娃，坐拥天下。他开始收集财富，虽然北京城皇宫的财富已经让李自成眼花缭乱，但他并没有满足，李自成下令拷问百官，凡明朝在京官员必须交出银两，官越大，交银就越多。

❖ 崇祯帝

李自成总共抢夺了多少银两呢？有人曾考察过此事，得出的数据是近1亿两白银，这还不包括名贵的古董、字画等，当时明朝一年的收入也只有

> 大顺政权在历史上只存在了两年，这两年也是中国历史上最神秘的年份，两年之内中国经历了明、大顺、清三个王朝的交替，争论和谜团也层出不穷，李自成的宝藏经过多年的研究，得出肯定的答案，它确实存在，只不过需要时间来寻找到，也许某一天，李自成的宝藏会突然出现在我们的面前。

400万两白银而已，李自成的大顺政权拥有了一笔巨额财富，但同时也为自己埋下了祸根，因为山海关总兵吴三桂的家眷也在北京，吴三桂的家被抢，相传他的小妾陈圆圆也被李自成的部将占为己有，逼得吴三桂投降满清，吴三桂与满清联手攻打李自成。

当清兵入关，进入北京城时，李自成已经向大顺国首都西安撤退。他走的时候带走了北京城所有的财富，按照李自成的本意，带上巨额的财宝一定会东山再起，重新回到北京，夺回他失去的一切。可惜他没能回来，最后李自成死在了九宫山。但民间有多种传闻，有的说他出家做了和尚，有的传闻则说李自成隐姓埋名，过上了隐居生活。无论李自成结局如何，他搜刮的财宝不见了踪迹。

从李自成兵败撤出北京，这笔财宝就像从人间蒸发了一样，神秘失踪了，再也没有出现过，清朝政权多次寻找都没有结果，大顺国的宝藏一直困惑了人们300多年！从历史文献资料、民间传闻和专家考察综合分析，目前对大顺国宝藏秘密的推测有三种。

第一种推测，李自成兵败退守西安，清兵紧追不舍，兵围西安城，李自成不得不再次撤退，后来率军抵达湖北、江西两省，在此期间，又与清兵多次交手，均以失败告终。当来到石门县时，李自成神秘失踪（还有一说，出家当了奉天玉和尚），那么宝藏就应该藏在李自成失踪的地点。离此地不远的澧水，曾出土一百余件金银饰品，制作精美，均为皇室用品，这一点更

◆ 李自成

加证明了宝藏的确真实存在，不过有也人指出，这可能是大顺军中私人掩埋，与李自成的宝藏无关。

第二种推测，李自成的宝藏被大顺军带到南方藏起来了，李自成失踪后，大顺军并没有放弃抵抗清军，直到康熙年间，大顺军才销声匿迹。是什么支撑大顺军抵抗了这么长时间？

❖ 李自成行宫

据考证，后来李后、李自敬、李锦、李来亨等李自成的亲属、后人仍不断战斗，他们与南明政权合作抵御清军入侵，他们的粮饷从何而来，是否与李自成的宝藏有关呢？

第三种推测与山西钱庄有关，山西的钱庄自清代开始发展，但发展速度令人咋舌，特别是太谷、平遥、祁县三地的钱庄，遍布全国各地。而这些钱庄的启动资金的来源至今十分模糊，有的钱庄对此更是只字不提。

然而人们从一首《因果歌》中找到了蛛丝马迹，这首歌是一名反清人士所著，歌曲大意是说，李自成从北京撤退后，被清兵追赶，形势危急，情急之下李自成将财宝埋于沿途（山西），后来农人在开荒种地时发现了李自成埋藏的财宝，成为富人。

❖ 李自成行宫

李自成当年退出北京城时，曾兵分两路，一路就是由山西退至西安，途经太谷、平遥、祁县等地，在这三地，也有传言如"无丰玖票号的先人曾在田地中，拾得大顺军的遗金"等，虽然在时间和地点上吻合，但仍没有实质性的证据，证明这些钱庄与李自成的宝藏有关。